www.ingramcontent.com/pod-product-compliance
Lightning Source LLC
LaVergne TN
LVHW010404070526
838199LV00065B/5896
* 9 7 8 9 3 6 9 0 8 5 3 4 7 *

چلتے پھرتے چہرے

(خاکے اور مضامین)

راجندر سنگھ بیدی

© Rajinder Singh Bedi

Chalte phirte Chahre *(Essays)*
by: Rajinder Singh Bedi
Edition: May '2025
Publisher :
Taemeer Publications LLC (Michigan, USA / Hyderabad, India)

ISBN 978-93-6908-534-7

مصنف یا ناشر کی پیشگی اجازت کے بغیر اس کتاب کا کوئی بھی حصہ کسی بھی شکل میں بشمول ویب سائٹ پر
اَپ لوڈنگ کے لیے استعمال نہ کیا جائے۔ نیز اس کتاب پر کسی بھی قسم کے تنازع کو نمٹانے کا اختیار
صرف حیدرآباد (تلنگانہ) کی عدلیہ کو ہو گا۔

© راجندر سنگھ بیدی

کتاب	:	**چلتے پھرتے چہرے** (خاکے / مضامین)
مصنف	:	**راجندر سنگھ بیدی**
صنف	:	غیر افسانوی نثر
ناشر	:	تعمیر پبلی کیشنز (حیدرآباد، انڈیا)
سالِ اشاعت	:	۲۰۲۵ء
صفحات	:	۱۰۰
سرورق ڈیزائن	:	تعمیر ویب ڈیزائن

فہرست

(۱)	خواجہ احمد عباس	6
(۲)	بیوی یا بیماری	20
(۳)	مہمان	31
(۴)	فلم بنانا کھیل نہیں ہے	49
(۵)	بلی کا بچہ	59
(۶)	افسانوی تجربہ	78
(۷)	چلتے پھرتے چہرے	89

خواجہ احمد عباس

خواجہ احمد عباس میرے دوست نہیں۔ ان معنوں میں جن میں کہ دوست ہوتا ہے اور میرے خیال میں اسے ہونا چاہیے۔ مجھے اس بات کا افسوس ہے کہ میں نے ہمیشہ انھیں، اپنا بزرگ اور پیشرو مانا اور یوں احترام کرتے ہوئے ٹال دیا۔ کچھ اسی قسم کا سلوک انھوں نے بھی میرے ساتھ کیا۔ ادبی سلسلے میں بارہا میری پیٹھ ٹھونکی، تحریری طور پر مجھے تسلیم کیا اور اس کے بعد ٹکسال باہر کر دیا۔ حال ہی کی بات ہے جبکہ میں نے انھیں اپنے ہاں آنے کی دعوت دی تو بلا تکلف انھوں نے مجھ سے پوچھا۔ "تم رہتے کہاں ہو؟"

عباس صاحب کی ہمدمی کا شرف بھی مجھے حاصل نہیں ہوا، جس میں میرا قصور ہے تو ان کا بھی۔ میرے خیال میں انھوں نے میری طرح دوستوں کا انتخاب امتیازی نظریہ سے نہیں کیا۔ ایک واضح ارادے سے کسی صحیح آدمی کو تو قریب لانے کی کوشش،

نہیں کی۔ جی ہاں صحیح آدمی کے سلسلے میں اگر میرا اشارہ خود اپنی طرف ہے تو چند دوسرے لوگوں کی طرف بھی جو نقد و نظر سے عباس صاحب کی بہتری کا سامان کر سکتے تھے اور خود بھی ان سے سیکھ سکتے تھے۔ جو بھی ان کے پاس آیا، انھوں نے آنے دیا۔ یہی نہیں۔ جو ان کے پاس سے گیا اُسے جانے بھی دیا۔ پاس آنے والوں میں کچھ تو پہلے ہی پیر مغاں تھے اور اگر نہیں تھے تو عباس صاحب کے حُسن سلوک نے ہمیشہ کے لیے انھیں بنا دیا۔ اور جانے والوں کا تو ذکر ہی کیا؟

اس مودب فاصلے کے باوجود میں کہہ سکتا ہوں کہ کم از کم مجھے ان کی ہم مشربی کا فخر حاصل ہے جس سے ہمدمی اور دوستی کہیں دُور کی بات نہیں۔ پھر تھوڑا جاننے والے میں اتنا انکسار تو ہوتا ہے کہ وہ کسی کو جاننے کا حتمی دعوا نہیں کرتا۔ برخلاف اس کے ہمیشہ ساتھ رہنے والا اس سلسلے میں بڑی بونگی باتیں کرتا ہے جن سے پتا چلتا ہے کہ جو آدمی جتنا قریب ہوتا ہے، اتنا ہی دُور بھی۔

زندگی میں کم ہی آدمی آپ نے ایسے دیکھے ہوں گے جن کی شکل پیدائش سے لے کر آخر دم تک ایک ہی سی رہی ہو۔ جس کی وجہ سے وہ بہت سے جرائم نہیں کر سکتے۔ میں نے عباس صاحب کو ان کے بچپن میں تو نہیں دیکھا لیکن اپنے فرنیالوجی کے محدود علم کی بنا پہ کہہ سکتا ہوں کہ اس وقت بھی عباس صاحب اپنے اس لائبریری اڈیشن کا پیپر بیک ہوں گے۔ اور کچھ نہیں تو پچھلے پچیس برس سے تو میں ان کا نہنہ دیکھ رہا ہوں۔ جہاں ذہنی طور پہ ان کا قد بڑھا ہے،

جسمانی طور پر آپ وہی کے وہی رہے ہیں۔ چہرے پر جس فہم و فراست کے نشان پہلے تھے، وہی اب بھی ہیں۔ ویسے ہی نگاہ اُچٹ کر سامنے والے پہ پڑتی ہے۔ وہی مونچھوں کی ہلکی سی تحریر جس کے نیچے پتلے سے ہونٹ جو خفگی یا کھسیانے لمحوں میں کچھ اس طرح سے ہلتے ہیں کہ انھیں پھڑ پھڑانا کہا جا سکتا ہے اور نہ بھینچنا۔ ان کی ہنسی بے ساختہ ہے مگر 'رنشی' جسے استعمال کرتے ہوئے وہ ایکا ایکی رُک جاتے ہیں۔ معتبر آدمی کو زیادہ ہنسنا نہیں چاہیے!.... سر پہ کے بال پہلے ڈھائی تھے اب دو رہ گئے ہیں۔ اس کے باوجود سکھوں کے خلاف نہیں۔ بلکہ کئی دفعہ میں نے انھیں کسی سکھ کو رشک کی نگاہ سے دیکھتے ہوئے پایا ہے۔ لباس میں سادگی ہے اور استغنا کا فن بھی۔ ان کی عام نشست و برخاست کو دیکھ کر پتا چلتا ہے کہ زندگی میں تاکید تکلفات پر نہیں، کچھ اور ضروری باتوں پر ہے۔ جس میں ادب صحافت، فلم، سیاست اور دوسری بیسیوں قسم کی سماجی ذمہ داریاں شامل ہیں۔ دنیا کے موجودہ سیاسی نظام میں اگر انھیں اسرائیل اور متحدہ عرب جمہوریہ کے درمیان چلنے کا حق دیا جائے تو وہ یقیناً عرب جمہوریہ کو چنیں گے۔ صدر جمال عبد الناصر کی پیروی کریں گے لیکن شکل ہمیشہ اسرائیل کے بین گورئین سے ملے گی۔

میں نے عباس صاحب کو پہلی بار لاہور میں دیکھا جہاں وہ اپنے صحافی دوست ساٹھے کے ساتھ کوئی فلم بنانے کے سلسلے میں آئے تھے۔ یہ دونوں دوست انڈین پیپلز تھیٹر کی تحریک کا حصہ تھے۔ جس کے ایک جلسے میں، میں عباس صاحب کو دیکھنے چلا گیا۔

ان دنوں لاہور کے لارنس باغ میں ایک نیا اوپن ایئر تھیٹر قائم ہوا تھا جہاں خوب ہی ہنگامہ تھا۔ معلوم ہوتا تھا کمبھ نہیں تو اردھ کمبھی ضرور ہے۔ چنانچہ عباس صاحب کو دیکھنے کے سلسلے میں مجھے خوب دھکے پڑے۔ خیر، دھکوں کی بات چھوڑیے۔ وہ تو زندگی کا حصہ ہیں۔ ہم سب دھکے کھاتے ہیں۔ کبھی مل کر اور کبھی الگ الگ۔ ایک بار پہلے بھی جب لاہور کے بریڈلا ہال میں مہاکوی ٹیگور کو دیکھنے گیا تھا تو اس سے بھی بُرا سلوک ہوا۔ بھگدڑ میں سیکڑوں پیروں کے نیچے دَلا گیا۔ جب بھی میں نے یہی سوچا تھا کہ کیا بڑے آدمی کو دیکھنے کے لیے خود چھوٹا ہونا ضروری ہے؟

اس جلسے میں عباس صاحب ایک ممتاز حیثیت رکھتے تھے۔ اس لیے نہیں کہ باقی کے فضول اور بے کار قسم کے مرد تھے۔ ان میں عورتیں بھی تھیں اور عباس صاحب سب سے ملتے اور سب سے باتیں کرتے پھر رہے تھے، جسے صحافت کی زبان میں کہا جاتا ہے:

"... اور وہ آزادانہ مہمانوں میں گھومتے اور ان سے ملتے جلتے رہے۔"

ایسا معلوم ہوتا تھا، عباس صاحب کسی کا دل توڑنا نہیں چاہتے۔ ایسا کریں گے تو ان کا اپنا دل ٹوٹ جائے گا۔ اس عمل میں انھیں کتنا ہی بولنا، کتنا ہی وقت ضائع کرنا پڑا۔ وہ اس بات کو بھول ہی گئے اور آج تک بالعموم بھولے ہوئے ہیں کہ جب تک وہ کسی کا دل نہیں توڑیں گے، بات کیسے بنے گی؟ (دل بدست آور کہ حج اکبر است!)

جب عباس صاحب کے چہرے پر ایسی ہی طمانیت برستی تھی جس سے پتا چلتا تھا کہ بعد میں وہ "آزاد قلم" ہو جائیں گے اور فلموں میں رہے تو "آزاد ظلم"۔ ایک نقطہ اور بھی کم۔ ان کے چہرے پر سب سے اوپر عقیل اور آزاد روی کے نقوش تھے۔ اس سے نیچے پی۔ سی۔ جوشی کی پارٹی لائن اور سب سے نیچے مہاتما گاندھی کی "تلاش حق"۔ پوری کی پوری، جو چھٹپٹا کر سب سے اوپر چلی آتی تھی۔

اسی دن مجھ پر اس بات کا انکشاف ہوا کہ کسی آدمی کی بڑائی سے بچنے کے لیے اس سے ذاتی طور پر مل لینا ضروری ہے۔ اسے چھو کر دیکھنا لابدی ہے چاہے وہ ہاتھ ملانے کی صورت ہی میں کیوں نہ ہو۔ اس عمل میں اس بات کا یقین ہو جاتا ہے کہ وہ بھی ہماری ہی طرح کا انسان ہے۔ صرف اس نے زندگی کے خاص شعبے میں حد سے زیادہ محنت اور ریاضت کی ہے اور ہم نے نہیں کی۔ کریں تو ذہنی طور پر بھی ہم ان سے ہاتھ ملا سکتے ہیں۔ ورنہ ہم اپنے ذہن میں ایسے آدمی کو کچھ ایسے مافوق الفطرت انتسابات دے دیتے ہیں کہ وہ خواہ مخواہ ہمیں وہ بامن اوتار سو گزا معلوم ہونے لگتا ہے۔ پھر اسے انسان کی تربیت میں دیکھ کر، عام انسانوں کی سی حرکتیں کرتے پا کر ہمارا طلسم ٹوٹ جاتا ہے جس میں اس بچارے بڑے آدمی کا تو کچھ بگڑتا نہیں، ہمارا اپنا قد پہلے سے بھی چھوٹا ہو جاتا ہے۔ عباس صاحب سے مصافحے کے بعد کم از کم ایک بات کی تسلی تو ضرور ہوئی کہ جسمانی طور پر ان کا قد مجھ سے بڑا نہیں۔ البتہ رنگ گورا ہے۔ لیکن کبھی تو افریقی قوییں میرا

ہاتھ پکڑ کر اُٹھیں گی اور گوروں کا جوا اتار پھینکیں گی (چنانچہ آج میری پیشین گوئی کتنی پیغمبرانہ ثابت ہو رہی ہے!)۔۔۔۔ رہی ذہنی قد کی بات تو ورزش سے وہ بھی ٹھیک ہو جائے گا۔

ان دنوں عباس صاحب نے ابابیل نام کی ایک کہانی لکھی تھی جس کا مجھ پر بہت رُعب پڑا تھا۔ لائم اور فلاہرٹی نے پرندوں کے بارے میں کچھ خوبصورت افسانے لکھے تھے، لیکن عباس صاحب کا افسانہ "ابابیل" ان پر بیس تھا۔ جب میں ڈاک خانے میں بابو (بیک نقطہ بیش، یا بوشو دا) تھا اور میرے نزدیک کاؤنٹر پر منی آرڈر بک کروانے والے سے لے کر عباس صاحب تک سب انگریز وائسرائے کی ایگزیکٹو کونسل کے ممبر تھے۔ چنانچہ میں نے لکنت سے پٹی زبان میں افسانے کی تعریف شروع کی۔ عباس صاحب خوش تو ہوئے لیکن پھر انکسار میں ٹال گئے اور میری کہانیوں کی باتیں کرنے لگے اور میں بھول ہی گیا کہ ابھی مجھے ان کی ایک اور کہانی "ایک پاؤلی چاول" کی بھی تعریف کرنا ہے۔ میں خود بھی اپنے افسانوں کی باتیں کرنے لگا۔ میں کس قدر گرا پڑا ہوں گا، کہ انکسار ان دنوں میرے لیے بہت بڑی عشرت کی بات تھی، جیسے عباس کی تعریف میرے نزدیک بہانۂ محض تھی۔ اپنی باتیں کرنے کے لیے جب میں عباس صاحب سے مل کر آیا تو مجھے پتا چلا کہ میرے اس وقت جانے بوجھے بغیر انھوں نے اپنی عظمت کا کچھ حصہ مجھے بھی دے دیا ہے۔ میں گورا نہیں ہوا تو لمبا ضرور ہو گیا ہوں۔

اور یہ عباس صاحب میں امتیازی بات ہے۔ ادیبوں میں

(میرے سمیت) کم آدمی آپ کو ایسے ملیں گے جو اپنی باتیں کم کریں گے اور دوسروں کی زیادہ۔ ایک دوسرا شخص جو لوگوں کو بظاہر "انا" سے معمور معلوم ہوتا ہے، وہ — اوپندر ناتھ اشک۔ میں جب بھی ان دوستوں سے ملا ہوں، مجھے پتا چلا ہے کہ ادب کے آسمان پر کوئی نیا ستارہ طلوع ہوا ہے۔ یہ اسی کا تذکرہ کرتے ہیں، اس کی چیزیں پڑھ کر سناتے ہیں یا پڑھواتے ہیں۔ تھوڑی سی بحث کے بعد مان بھی جاتے ہیں کہ وہ ستارہ ابھی طلوع ہونے کی کوشش کر رہا ہے۔ لیکن اس کا نتیجہ یہ نکلتا ہے کہ میں ڈر محض ڈر کے جذبے سے اس ادیب کی طرف متوجہ ہوتا ہوں۔ چونکہ ڈر کوئی اثباتی جذبہ نہیں، اس لیے یا تو وہ ادیب مجھے تالستائی اور چیخف سے بھی بڑا معلوم ہونے لگتا ہے اور یا پھر اپنے سے بھی چھوٹا۔ میری طرح کے جاگیردارانہ ذہن رکھنے والے اور بھی بہت سے ادیب ہیں لیکن ایک فرق ہے۔ میں اپنی اس کمزوری کو جانتا ہوں اور اسے دور کرنے کی کوشش بھی کرتا ہوں لیکن ان میں سے اکثر جانتے ہیں، نہ کوشش کرتے ہیں۔ خیر، وقت بڑے بڑوں کو ٹھیک کر دیتا ہے اور میں اپنے آپ سے مایوس نہیں۔

یہ بات نہیں کہ عباس صاحب اور اشک میں انا نہیں۔ ارے صاحب ہے اور بہت ہے۔ لیکن اسی قدر جس قدر اسے تخلیقی عمل کے لیے ہونا چاہیے اور وہیں جہاں اسے ہونا چاہیے جیسے اکثر لوگوں کا سیکس تمام تر سر میں ہوتا ہے اور ایک معزز خاتون کے مطابق ————، وہاں نہیں جہاں اسے ہونا

چاہیے۔ عباس صاحب میں انا اتنی ہی ہے جس میں وہ اپنی ذات کو پہچان سکیں۔ دوسروں سے الگ، اور دوسروں کے بیچ۔ یہ الگ بات ہے کہ ہمارے بہت سے ادیب ساتھی لکھاڑ ہی بہت ہیں۔

میں نے عباس صاحب کے بہت سے افسانے پڑھے جن میں سے کچھ یاد ہیں اور کچھ بھول گیا۔ بھول جانا شعور کے سلسلے میں رائے ہو تو ہو لیکن انسانی دماغ ایک کمپیوٹر نہیں۔ اس سے بہت بلند ہے جس کی تفصیل یا بحث اس مضمون کا حصہ نہیں۔ . . . عباس صاحب کا افسانہ "بارہ بجے" تو میں بھول ہی نہیں سکتا۔ ایک تو اس لیے کہ اس سے میرا براہ راست تعلق ہے (اگرچہ میں ڈاڑھی کاٹنے اور سگریٹ پینے والا سکھ ہوں) دوسرے اس لیے کہ یہ افسانہ پنجاب کے فسادوں سے متعلق تھا جن میں سے میں بھی گزرا ہوں اور ریل کی چھت پر ننگے بدن بیٹھ کر تقسیم کے وقت ہندستان پہنچا ہوں۔ اس افسانے میں عباس صاحب نے اپنے ہی طرز کی حسابی مساوات میں برابر کے سکھ اور مسلمان مارے تھے۔ لیکن اس پر بھی سکھوں کی تسلی نہ ہوئی اور مجھے اپنی قوم سے غداری کرتے ہوئے عباس صاحب کے حق میں بیان دینا پڑا۔ آخر میں عباس صاحب کی جان بچ گئی۔ اب، آپ نے بھی عباس صاحب کو پڑھا ہے۔ ان کی فلمیں دیکھی ہیں آپ ہی فیصلہ کیجیے کہ میں نے اچھا کیا یا بُرا؟

جب تک عباس انڈین پیپلز تھیٹر کے دوسرے ساتھیوں سے مل کر ہندستانی فلم کا کلاسیک "دھرتی کے لال" بنا چکے تھے۔

نہ صرف یہ کہ "دھرتی کے لال" پہلی ہندستانی REAL-ISTIC فلم تھی بلکہ اس نے اپنے ملک کے سوئے ہوئے لوگوں کو جھنجوڑا اور بیرون ملک کے باشندوں کی توجہ اس المیے کی طرف دلائی جس کا نام اس زمانے کا ہندستان تھا۔ "آجکل" بھی تکمیل پا چکی تھی۔ اس میں بھی عباس صاحب کے ان افسانوں اور ناولوں کی قسم کا ایک پیغام تھا جو تائید کی کثرت سے پیغام نہیں رہ جاتا آدمی کو چڑا دیتا ہے۔ کیونکہ وہ اپنے آپ کو بدصورت نہیں سمجھنا چاہتا۔ "انہونی" پہلی غیر جانبدار فلم تھی جو بہت حد تک کامیاب رہی۔

تقسیم کے بعد میں بمبئی چلا آیا تو اکثر عباس صاحب سے ملاقاتیں ہوئیں۔ ہماری ترقی پسند تحریک ان دنوں شباب پر تھی۔ عباس صاحب اس کے راہبر تھے اور راہی بھی۔ کبھی انھیں اس تحریک کی زیادتی معلوم ہوتی تھی اور اکثر کمی۔ مجھے وہ دن یاد ہے جبکہ غریبوں اور ناداروں کے حق میں ایک مبلغ کی حد تک شور مچانے والے عباس صاحب کو پارٹی مینڈیٹ کے مطابق تحریک سے عاق کر دینے کی کوششیں ہونے لگیں۔ تب میں نے پہلی مرتبہ عباس صاحب کو اس قدر غصے میں دیکھا جب ان کے ہونٹ بھنچ بھی رہے تھے اور پھڑپھڑا بھی رہے تھے۔ چہرہ لال ہو رہا تھا اور وہ تیز تیز باتیں کیے جا رہے تھے۔ آواز جو پہلے ہی کھسیائی ہوئی تھی اور کھسیا گئی لیکن پانی پت کا ہونے اور اور اپنے آپ کو پنجابی کہلوانے کے باوجود عباس صاحب کے منہ سے ایک بھی گالی نہ نکلی۔ کیونکہ وہ تہذیب کا تقاضا نہ تھا۔

ان دِنوں ہم ”چوزے“ کا رول ادا کر رہے تھے اور دیکھ رہے تھے کہ جس طرف پلڑا بھاری ہو، جھک جائیں۔ کچھ ہمت اور شخصیت کی کمی اور کچھ دماغی ابطال۔ بس جو اِسٹالن نے کہہ دیا وہ آسمانی صحیفہ ہے۔ کبھی کبھی محسوس بھی کرتے تھے کہ یہ سیل (CELL) کیا بلا ہے! جس میں بیٹھے ہوئے لوگ عالم کل ہیں ہمیں سُنے بغیر ہی ہماری قسمت کا فیصلہ کر ڈالتے ہیں؟ جس کے سامنے سر جھکانا ہی پڑتا ہے ورنہ آپ تحریک سے خارج، حالانکہ آپ کی تحریک کا پارٹی سے کوئی تعلق نہیں کم از کم براہ راست نہیں۔ اس پہ طرفہ یہ کہ غلط فیصلہ کرنے کی صورت میں بچ بھی نکلتے ہیں۔ کیونکہ وہ فیصلا ایک آدمی کا نہیں، کئی پنچوں کا ہوتا ہے اور آپ تو جانتے ہیں پنچ پرمیشر ہوتا ہے۔ پھر ہوشیاری کا یہ عالم کہ ان پنچوں میں ایک ادیب قسم کا آدمی بھی ہوتا ہے۔ ایسا آدمی جو ادب اور فن اور اس کے عوام کے لیے مفید یا غیر مفید ہونے کی سب حدیں جانتا ہے اور پھر اس قدر لوچ بھی ہے کہ برسوں بعد پارٹی لائن کے غلط ہونے پر بھی معافی مانگ سکے.... میں تو اپنی ناسمجھی اور کمزوری کی وجہ سے خائف تھا لیکن دوسرے بھی خاموش تھے۔ جو مجھ سے بھی زیادہ ڈرے ہوئے تھے۔ وہ عباس صاحب کے مُنہ پر کھری کھری سناتے تھے اور بعد میں اس کا تذکرہ کر کر کے خوش ہوتے تھے۔ اپنی ہمت پہ خود حیران۔ لیکن عباس صاحب کو ان کی اور اپنی تحقیق کی بہ نسبت اپنے جذبے پر یقین تھا۔ اس لیے نہیں کہ وہ اسٹالن سے لے کر کیفی اعظمی تک اپنے آپ کو زیادہ قابل سمجھتے تھے بلکہ

اس لیے کہ حقیقت پر پہنچنے کے لیے ان کے پاس ایک ہی کسوٹی تھی۔ محبت.... جسے صحیح آدمی کبھی کبھی خود بھی شک اور شبہہ کی نظر سے دیکھتا ہے اور سرکس کے روپ واکر کی طرح زندگی کے رسّے پر اپنے آپ کو فکر اور جذبات کے درمیان متوازن رکھنے کی کوشش کرتا ہے۔ بہرحال اپنے آخری تجزیے میں وہی کسوٹی نسبتاً ٹھیک اُترتی ہے کیونکہ اس کے پیش نظر ادب اور سیاست ریاضی کے گنجلک سوال نہیں رہ جاتے اور نہ انسان کے سیدھے سادے مسئلوں کی توضیح و تفہیم اسٹالن کے پرجز کی صورت اختیار کرلیتی ہے اور نہ چاؤ ماؤ کی طرح ہندستان پر حملے کی۔ تاکہ روس کے کان ہوں.... چنانچہ ان سب باتوں کے باوجود عباس صاحب کے قدم اپنے رستے سے نہ ڈگمگائے۔ لیکن، جب تک، بقول شخصے، بہت سا پانی ہمارے دریاؤں میں بہہ گیا تھا۔

ہمارے دوسرے بہت سے دوستوں کی طرح عباس صاحب بھی مقصدی ادب کے قائل ہیں۔ اس سلسلے میں اگر کوئی دل اور دماغ کو ہم آہنگ کر کے لایا تو نتیجہ اچھا نکلا ورنہ محض آواز ہو کر رہ گیا، بلکہ شور.... عباس صاحب کے کئی افسانے اور دوسری تحریریں ایسی بھی ہیں جو موثر نہیں ہوتیں اور اگر ہوتی ہیں تو کردار کے اعتبار سے سخت خارجی، ہنگامی پہلو لیے ہوئے۔ جس کے باعث ان کی گونج جلد ہی معدوم ہو جاتی ہے۔ لیکن ان کے مقصد اور دوسروں کے مقصد میں بھی فرق ہے۔ انھوں نے لڑکی کے سہارے تو ایک طرف، لکڑی کے سہارے بھی

انقلاب تک پہنچنے کی کوشش نہیں کی اور نہ اس عمل میں بہت سوں کی طرح منقلب ہوئے ہیں۔ نہ انھوں نے زبان اور جمالیات کو اپنے معنی پہنائے ہیں بلکہ اپنے مقصد کی جستجو میں کچھ یوں سیدھے گئے ہیں کہ اِدھر اُدھر بھی نہیں دیکھا۔ حالانکہ نظروں سے راستے کی تزئین کرتے جانا عین فن ہے۔ ان کی بہت سی تحریریں پڑھ کر مجھے یوں لگا جیسے عباس صاحب بہت جلدی میں ہیں۔ انھیں ایک کام تھوڑا ہی ہے؟ سیکڑوں ہیں۔ ان کے پاس وقت نہیں اور زمانہ ہے کہ تیز سے تیز تر ہوتا جا رہا ہے اور اس کے ساتھ اپنی رفتار قائم رکھنا ایک خالص سائنسی عمل ہے۔ میں اس بات کو فلسفیانہ سطح پر لاتے ہوئے عرض کروں گا کہ وقت کو تھامنا ہی پڑے گا۔ ورنہ ہم کچھ نہیں کر سکتے۔ جیسے ہمارے بڑوں نے مٹھون کے ذریعے گویائی تھام دی تھی اور یکسوئی اختیار کر کے کالی بھگوان کی مار سے بھی پرے چلے گئے تھے، اسی طرح کا عمل ہمیں بھی روا رکھنا ہوگا۔ ہم ادیبوں کا کاواشاک اور ہمارا راکٹ یہی ہے کہ جس پر سوار ہو کر مہر و ماہ سے بھی اوپر جا سکتے ہیں . . . ایک دن آئے گا جبکہ جدلی مادیات کے دعویداروں کو بھی مقصد کی تحلیل اور اس کے اندرونی تضادات کو خاطر میں لانا پڑے گا۔

عباس صاحب کی نجی زندگی کے بارے میں اتنا ہی جانتا ہوں کہ ان کی بیگم — مرحومہ بھی ایک نہایت ہی پیار کرنے والی عورت تھیں۔ ہم ادیبوں سے وہ بھائیوں کا سا سلوک کرتی تھیں۔ جوہو میں میرا ایک کمرہ ہوا کرتا تھا جہاں میں بیٹھ کر اپنا کام کیا کرتا۔ عباس صاحب

کا گھر راستے میں پڑتا تھا۔ کبھی ان کے ہاں رُکتا تو وہ بڑی شکایت کرتیں کہ قریب سے گزر جاتے ہو، آتے تک نہیں۔ ان کی وفات سے ہمیں قلق ہے، تو عباس صاحب کے بارے میں آپ اندازہ لگا سکتے ہیں۔

جنسی زندگی کے بارے میں عباس صاحب کا نظریہ ایک عام، نارمل مہذب آدمی کا نظریہ ہے۔ وہ زندگی کے اس حصے کو بالکل منفرد سمجھتے ہیں۔ انگریزی قول کے مطابق نہ تو وہ کسی کے گندے کپڑے پبلک میں دھوتے ہیں اور نہ اپنے دھونے دیتے ہیں۔ مطلب اگر ان کے پاس ایسے کپڑے ہیں تو.....! (ضرور ہوں گے)

ایک چیز جس نے عباس صاحب کے سلسلے میں مجھے ہمیشہ ورطۂ حیرت میں ڈالا ہے، وہ ہے ان کے کام کرنے کی حیرت انگیز طاقت و قوت۔ کہانی لکھ رہے ہیں اور ناول بھی۔ قومی یا بین الاقوامی سطح پر فلم بھی بنا رہے ہیں اور صحافت کو بھی سنبھالے ہوئے ہیں۔ بلٹز کا آخری صفحہ تو بہرحال لکھنا ہی ہے، لیکن ساتھ ہی خروشچوف کی سوانح بھی ہو گئی۔ پنڈت نہرو سے بھی مل آئے جن سے عباس صاحب کے ذاتی مراسم ہیں۔ پھر پینتیس لاکھ کمیٹیوں کا ممبر ہونا سماجی ذمہ داری کا ثبوت ہے۔ اور یہ بات ممبر شپ تک ہی محدود نہیں۔ ہر جگہ پہنچیں گے بھی تقریر بھی کریں گے۔

پورے ہندستان میں مجھے اس قسم کے تین آدمی دکھائی دیتے ہیں — ایک پنڈت جواہر لال نہرو، دوسرے بمبئی کے ڈاکٹر بالیگا اور تیسرے خواجہ احمد عباس۔ جن کی یہ قوت اور استعداد ایک

عام آدمی کی نہیں۔ چنانچہ جب میں نے ایک بار عباس صاحب کے سامنے اس حیرت کے جذبے کا اظہار کیا تو انھوں نے معمول کے رسمی انکسار سے ٹال دیا اور بولے "جبھی تو ہر بات میں تیلاپن ہے" اور پھر مسکرا کر میری طرف دیکھتے ہوئے بولے۔ "آج کل کیا لکھ رہے ہو؟"

بیچ میں کسی نے ٹوک دیا۔ اس لیے عباس صاحب نے میری آنکھیں نہ دیکھیں جو نمناک ہو گئی تھیں۔ ان سے میری پہلی ملاقات اور اس ملاقات میں بیس پچیس برس کا وقفہ آچکا تھا اور میں اپنے بارے میں کم بات کرنا سیکھ چکا تھا۔

☆☆☆

بیوی یا بیماری

جب سے دنیا بنی ہے بیویاں بیمار ہوتی آئی ہیں۔ چنانچہ میرے حصے میں جو بیوی آئی وہ بھی بیمار تھی۔ ہے!

بیویاں اپنی بیماری کی سب سے بڑی وجہ اپنے شوہر کو بتاتی ہیں ورنہ مائیکے میں وہ بھلی چنگی تھیں۔ ہرنی کی طرح قلانچیں بھرتی تھیں۔ البتہ بیچ بیچ میں اس بات پر بھی مچلتی تھیں کہ ذرا بیمار ہو کر دیکھا جائے۔ چنانچہ اسی امید اور خوشی میں ڈھول ڈھماکوں کے ساتھ ریشمی کپڑے پہنے اور جڑاؤ زیوروں سے آراستہ سسرال کی چوکھٹ پر پیر رکھتی ہیں۔ تھوڑی ہی دیر کے بعد بیماری کا عمل شروع ہو جاتا ہے۔ نو آموز (شوہر) دولہا دلھن کے آتے ہی اسے تشنج میں دیکھ کر سخت گھبراتا ہے اور بھاگا ہوا بھابی یا ماں کے پاس پہنچ جاتا ہے۔ جو اس کے بھولے پنے پہ خوب ہنستی ہیں۔ چونکہ اسے کسی دوسرے کا منہ تو ملتا نہیں

اس لیے اپنا سا منہ لے کر لوٹ آتا ہے۔ شادی کے پہلے ہی چند دنوں میں میاں کو پکا کرنے کے لیے بیوی تندرستی کے دن یعنی کنوار پنے اور میکے کو یاد کر کے رونے لگتی ہے۔ جہاں وہ اپنی نیند سوتی اور اپنی ہی نیند جاگتی تھی اور اب یہاں اسے پرائی نیند سونا پڑ رہا ہے اور پرائی ہی نیند جاگنا۔ البتہ آنسو خالص اس کے اپنے ہوتے ہیں اور وہ کبھی دولھا کے آنسو نہیں روتی۔

پھر وہ دن آجاتے ہیں جب وہ واقعی طبی نقطۂ نظر سے — CLINICALLY بیمار ہوتی ہے۔ میاں ایک کی جگہ دس دوائیں لاتا ہے۔ اچھے سے اچھے ڈاکٹر کو دکھاتا ہے جو بیوی سے کچھ سوال کرتے ہوئے ضمناً میاں سے بھی کر جاتا ہے اور اسے سخت شرمندہ ہونا پڑتا ہے۔ لیکن بیوی کی بیماری ڈاکٹر کو نبض دکھانے یا اسے دوائیں لا کر دینے سے نہیں جاتی۔ وہ اس وقت تک رہتی ہے جب تک میاں دوا اپنے ہاتھ سے نہیں پلاتا۔ وہ روٹھتی ہے۔ بُرے بُرے منہ بناتی ہے، میاں پیار کا دھوکا دیتا ہے یا دھوکے میں پیار کر جاتا ہے۔ یہ تھو تھو کرتی ہیں وہ فو فو کرتا ہے۔ آخر آدھی دوا اندر جاتی ہے آدھی باہر گرتی ہے۔ اور کچھ دیر کے بعد جناب بیوی کا ذائقہ ٹھیک ہوتا ہے تو میاں کے گلے میں بانہیں ڈالتے ہوئے ایک ادا سے کہتی ہے "اے تمھارے ہاتھ سے تو میں زہر بھی پی لوں" اور میں یہاں اپنے شوہر بھائیوں کو مشورہ دوں گا کہ بیوی کی اور بہت سی باتوں کے ساتھ اس بات کو بھی سفید، کالا، یا ہرے رنگ

کا جھوٹ سمجھیں، ورنہ پھانسی ہو جائے گی۔

اگر بیویاں آس پاس نہ ہوں، یا ہوں تو ہمیشہ کی طرح اپنی ہی بات میں کسی دوسرے کی نہ سنیں تو میں آپ کو بتاؤں۔ بیویاں دراصل بیمار نہیں ہوتیں وہ یونہی تھوڑے سے نوٹس پر بیمار ہو کر دکھا دیتی ہیں۔ اس بات کو جاننے کے لیے کہ ان کی بیماری کے ساتھ ان کا ہوتا سوتا کتنا بیمار دکھائی دیتا ہے۔ کتنے دُکھ اور ہمدردی کا اظہار کرتا ہے۔ جو فعل بیویوں کی لغت میں محبت کا دوسرا نام ہے اگر میاں کے چہرے پر بیوی کی بیماری کے کوئی آثار دکھائی نہ دیں تو وہ اسے نہایت کمینہ اور رذیل آدمی سمجھتی ہیں۔ لیکن دل میں خوش ہوتی ہیں اور کہتی ہیں "مرد ہے!" اگر وہ کہیں ہمدردی کا اظہار کرے، کروٹ کروٹ ساتھ مرے تو یوں دیکھنے میں خوش نظر آئیں گی، لیکن اندر سے کہیں گی۔ "زنخا ہے موا"

میں بڑی بیماری کی بات نہیں کرتا جو کہ بیوی خود ہوتی ہے ان چھوٹی چھوٹی بیماریوں کا ذکر کر رہا ہوں جو دراصل کوئی وجود نہیں رکھتیں اور جو مرد کو اُکسانے کے لیے بیوی دن رات پیدا کرتی رہتی ہے۔ خالص بیوی ہو گی تو روز سویرے اُٹھ کر شکایت کرے گی۔ "آج میرا سر کچھ بھاری بھاری ہے" پھر وہ ناک سکیڑے گی۔ ہاتھ کنپٹیوں پر رکھ لے گی اور اس کی یہی بات آپ کو پیاری لگے گی۔ آپ خود بھی محسوس کرنے لگیں گے کہ اس کی وجہ آپ خود ہیں آپ بڑی محبت، جو لفظ اُردو میں لکھتے وقت حجّت معلوم ہونے لگتا ہے، کے ساتھ کہیں گے "ادھوا ایسپرین ہے گھر میں؟" چنانچہ ایسپرین

ہو گی۔ کوڈ اپائرین بھی ہو گی۔ مگر وہ کھائیں گی نہیں۔ آپ سوچنے لگیں گے۔ ان کا کچھ نہ کچھ بھاری ہی رہتا ہے۔ سر نہیں تو پیر ہی سہی۔ پھر بیوی کے بدن میں ایک حصہ ہوتا ہے جسے وہ کمر کہنے پر مصر ہوتی ہے۔ یاد رہے۔ یہ عورت کے بدن کا وہ حصہ ہے، جس پر ہمارے شاعروں اور نثر نگاروں نے بہت کچھ لکھا ہے اور تعلی کے مضمون میں اسے نازک پتلا ہونا تو کیا نہ ہونے کے برابر کر دیا ہے۔ مگر بیوی کے سلسلے میں وہی کمر حقیقت بن کر سامنے آجاتی ہے۔ ان شعروں کو اور بیوی کی کمر کو ساتھ رکھ کے دیکھا جائے تو وہی چیز اچھا خاصا کمرہ معلوم ہونے لگتی ہے۔ وہ ہوتا یا ہوتی تو بدن ہی کے ساتھ ہے مگر آپ کو اسے ٹوٹتا ہوا تصور کرنا پڑتا ہے۔ بیویاں اتنی سادہ سی حقیقت نہیں جانتیں کہ میاں کو ان کے بدن کے ہر حصے سے ہمدردی اور پیار ہوتا ہے۔ مگر کمر سے نہیں کیونکہ مرد کی فطرت اسے معدوم ہی دیکھنا چاہتی ہے بہرحال بیوی کی ٹوٹی ہوئی یا ٹوٹتی ہوئی کمر پہ کوئی لیپ، کوئی فلاجنٹین (NERVOLGIA) اثر نہیں کرتا اور نہ درد شقیقہ و عصابہ دور کرنے والی گولیاں۔ لیکن چونکہ اب تک، آپ بھی خالص میاں ہو چکے ہوتے ہیں، اس لیے اسی کمر کے گرد ہاتھ ڈال کر کہتے ہیں ــــ "بنّو! آج تو تم بڑی حسین لگ رہی ہو" پھر کہاں کی کمر اور کہاں کا درد؟ حقیقت یہ ہے کہ کمر درد کے لیے اس سے بہتر دوا آج تک سائنس ایجاد نہ کر پائی۔

میں جانتا ہوں کہ کسی بھی معاشرے میں بیوی کی بیماری پر

ہنسنا اچھی بات نہیں۔ مگر اس کا کیا علاج کہ وہ رونے بھی تو نہیں دیتیں۔ جیسے ان کا میاں کوئی جیوتشی ہے۔ رمّال ہے یا ولی اللہ۔ اور جانتا ہے کہ کیا ہونے والا ہے۔ چنانچہ بیوی کی بیماری کے ایام میں میاں جنت اور دوزخ کے بیچ عالم برزخ میں کہیں اُلٹا لٹکا ہوتا ہے۔ چہرہ دیکھو تو غم کے گھٹا ٹوپ بادل چھائے ہیں دل کو کریدو تو ایک ہنسی ہے جو اس کان سے اُس کان تک پھیلتی جارہی ہے اور منہ سے ناف تک زبردست جھٹکے دے رہی ہے۔

یہ حیاتیاتی حقیقت ہے کہ کائنات میں مادہ، نر سے زیادہ سخت جان ہوتی ہے اور اس سے زیادہ لمبی عمر کی متوقع۔ یہی وجہ ہے کہ مسکت بیوی نہایت بے فکری کے عالم میں دن کو پچیس تیس مرتبہ تو ضرور کہتی ہے۔ ''ہائے میں مرگئی'' لیکن یہی بات اپنے میاں کو نہیں کہنے دیتی۔ وہ جانتی ہے کہ اگر اس نے کہا۔ ''میں مرگیا۔'' تو وہ سچ مچ مرجائے گا! جلدی یا آسانی سے مرجانے کی سزا قدرت نے مرد کو شاید اسی لیے دی ہے کہ اس کا جنسی نظام عورت کے پُر پیچ جنسی سلسلے کی بہ نسبت بہت سیدھا اور سادہ ہے۔ غالباً اسی لیے بیویاں میاں کی مسلسل تندرستی کی حاسد ہوجاتی ہیں۔ کیونکہ ان مردوں کو تو کچھ ہوتا ہواتا نہیں۔ حالانکہ اس بے چارے کا قصور ہے تو صرف اتنا کہ پہلے وہ مرد بنا اور دوسرے ان کا شوہر وہ میاں کو دیکھ دیکھ کر یونہی کباب ہوتی رہتی ہیں اور کسی طرح اس کا بھلا نہیں چاہتیں۔ اسی لیے وہ مرد کے رنڈوا

ہو جانے کو اپنے بیوہ ہو جانے سے اچھا سمجھتی ہیں۔

بیویوں کی بہت سی بیماریوں میں سے کچھ کہنے کے لائق ہوتی ہیں اور کچھ نہ کہنے کے لائق۔ میاں کو اس بات کی سمجھ بہت دیر کے بعد آتی ہے اور اس کی سمجھ کا سلسلہ معمول کی سیدھی سادی آزمائش اور غلطی، بلکہ حماقت سے شروع ہوتا ہے۔ وہ اپنی سادگی میں بیوی سے براہ راست سوال پوچھ بیٹھتا ہے اور پھر اُسی وقت ڈانٹ کھاکر سامنے سیڑھیوں پر جا بیٹھتا ہے۔ بیویوں کی زبان اگر وہ بے حد خفا نہ ہوں تو بالواسطہ ہوتی ہے۔ وہ تشبیہہ اور اشارے کی جان ہے۔ مثلاً حال ہی کی بات ہے۔ میرے ایک دوست نے وطن میں اپنی بیوی کو لکھ بھیجا "اب کتنے مہینے رہ گئے؟"، تو بیوی نے اس بات کا کوئی جواب نہ دیا۔ صرف خط کے ایک طرف تین چھوٹے چھوٹے دائرے بنا دیے۔ گویا عورتوں کی زبان میں اس ابجد کا کوئی دخل نہیں، جسے ہم اور آپ استعمال کرتے ہیں۔ وہ اگر اس ابجد کو جانتی بھی ہوں گی تو اسے استعمال کرنا اپنی شان کے شایاں نہ سمجھیں گی۔ اِن کی زبان اب تک قدیم مصری خطِ تصویری (HIEROGLYPHICS) سے ملتی جلتی ہے جسے مصر کے لوگ تو کب کے چھوڑ چکے مگر ہماری بیویاں اب تک کلیجے سے لگائے پھرتی ہیں اور وہ ایک نفسیاتی بیماری کی شکل اختیار کر چکی ہے۔

ہمارے ہندستان میں اپنی بیوی کے علاوہ ایک اور چیز ہوتی ہے جس کی شکل بیوی ہی کی طرح ہوتی ہے۔ مگر خصلت ایک

دم الگ ۔ اسے ہم دوسرے کی بیوی کہتے ہیں ۔جس کی بیماری اور بھی ٹیڑھی اور ناقابل علاج ہوتی ہے ۔ مثلاً آپ کسی کی بیوی کے بیمار ہونے کی خبر پائیں اور شامتِ اعمال عیادت کے لیے چلے بھی جائیں تو آپ صاحبِ خانہ سے پوچھتے ہیں ــــ "کیسی طبیعت ہے ۔ گھر میں؟"

"اب تو اچھی ہے، بھگوان کی دیا سے"۔

"کیا تکلیف تھی؟"

اس پر وہ دوسرے کی بیوی کا میاں یا دوسرے میاں کی بیوی آپ کی طرف یوں دیکھتے ہیں' جیسے آپ کوئی گھنٹہ گھر ہیں اور شہر کے چوک میں نصب ہیں۔ دوسرے کی بیوی ہونٹوں کے بیچ مسکراتی ہوئی منہ پرے کر لیتی ہے اور اس عمل میں اپنی بیوی سے بھی پیاری لگتی ہے ۔ البتہ میاں نہایت مکروہ صورت بنا کر کہتا ہے ــــ "زنانہ تکلیف . . . " مطلب یہ کہ اس کے بعد بکواس بند کیجیے ۔ آپ کی سٹی گم ہو جاتی ہے اور آپ سمجھتے ہیں کہ بیوی کی بیماری شاید بیوی سے الگ کوئی چیز ہے ۔ مگر اس وقت تک آپ اپنے ہوش میں نہیں رہتے اور جلدی سے کسی اچھے ڈاکٹر کا نام تجویز کر کے باہر نکلنے کی کوشش کرتے ہیں ۔ دہلیز ہمیشہ کی طرح ایک فٹ اوپر اٹھ کر آپ کو ٹھوکر لگاتی ہے ۔ مگر آپ اپنے آپ کو اسی قابل سمجھ کر سنبھل جاتے ہیں ۔ سڑک پر پہنچتے ہیں تو خیال آتا ہے مجھے کسی لیڈی ڈاکٹر کا نام لینا چاہیے تھا ۔ چنانچہ تصحیح کی غرض سے آپ لوٹتے ہیں مگر خود اپنے آپ کو "بکواس

بند کر،" کہتے ہوئے کسی اور واقف کار کے ہاں چل دیتے ہیں جہاں خوش قسمتی سے کوئی میاں بیمار ہے۔

شاذ ہی کوئی بیوی ہوگی جو مہینے میں چند دن بیمار نہ ہوتی ہو۔ اس میں میری بیوی یا آپ کی بیوی کی بات نہیں۔ دنیا جہان کی، جملہ بیوی جات کا قصہ ہے۔ ان ایام میں وہ کچھ یوں لیٹی ہوں گی جیسے انھیں ہیضہ ہو گیا ہو۔ وہ عاشق کی طرح زرد اور معشوق کی طرح دھان پان نظر آرہی ہیں۔ چڑچڑی اس قدر کہ بات بات پر میاں کو کاٹنے دوڑتی ہیں۔ حالانکہ اس غریب کا قصور نہیں۔ گری گدھے پر سے ہیں اور غصہ کمہار پر اتار رہی ہیں جو میاں اب تک شکل سے دکھائی دینے لگا ہے، اپنے سڑی پن میں بیویاں بھول جاتی ہیں کہ اس بیماری ہی میں ان کی صحت ہے۔ اگر کسی مہینے یہ چھوٹی بیماری نہ آئی تو بڑی آئے گی۔ پھر کھٹی کھٹی ڈکاریں آئیں گی۔ سر چکرائے گا۔ ابکائیاں آئیں گی۔ ایک طرف اس بیماری پر غصہ آئے گا۔ دوسری طرف پورے بدن میں خوشی کی سنسناہٹ دوڑ جائے گی۔ میاں پوچھے گا، مگر کبھی نہیں بتائیں گی۔ اشارے سے یہی کہیں گی کہ بس سمجھ جاؤ۔ میاں ایک طرف مجرمانہ اور دوسری طرف فاتحانہ انداز سے بیوی کی طرف متوجہ ہوگا اور تلافیِ مافات کے سلسلے میں بازار سے سیب اور ناشپاتیاں قلاقند اور امرتیاں لا کر دے گا۔ جنھیں لے کر بیوی خوش تو ہوگی مگر بیماری سے اپنا ازلی رشتہ قائم رکھنے کے لیے بڑے سلیقے سے ان سب چیزوں کو طاق پر رکھ دے گی جو لکڑی کا نہیں

نسیان کا بنا ہوتا ہے۔ وہ شربت روح افزا کی جگہ جل جیرے کی فرمائش کرے گی۔ گلاب جامن کی جگہ گول گپّے اور آم شریفے کی جگہ چولھے کی مٹی کھائے گی۔ مرد کو جب بُری بات کہنا ہوتی ہے تو وہ خاتم بدہن سے شروع کرتا ہے۔ لیکن بیوی ہے کہ اچھی خبر سنانے سے پہلے منہ میں خاک، جھونک لے گی۔ اگر میاں خفا کر کوئی بات کہہ دے تو یہ بیٹھی بیٹھی کھڑی بولی میں صلواتیں سنائے گی۔

بیوی کی ماہانہ بیماری کی نوعیت الگ ہے اور سالانہ کی الگ. پہلی قسم کی بیماری میں پھر میاں کے لیے تھوڑی سی تسکین کی گنجائش ہے لیکن دوسری میں یکسر نہیں۔ اسے سال بھر یہ محسوس ہوتا رہتا ہے کہ بڑے افسر نے کہیں اس کے کیریکٹر شیٹ پر اُلٹا سلٹا ریمارک لکھ دیا یا وطن سے باہر اس کا ٹرانسفر کر دیا۔ اب ایک گھر یہاں ہے، دوسرا باہر بنانا پڑے گا۔ منہگائی کا زمانہ۔ ان دو گھروں کا خرچ کہاں سے لائے گا۔ آخر وہ اپنے افسر کے سامنے گڑگڑاتا ہے اور کچھ اپنے آپ کو سمجھاتا ہے اور پھر وہ دن آجاتا ہے جب وہ اپنے آپ کو زچہ خانے کے باہر ٹہلتا ہوا پاتا ہے۔ سگریٹ پہ سگریٹ پیتا ہے۔ نہ اُٹھ سکتا ہے نہ بیٹھ سکتا ہے اور بیویاں ہیں کہ اپنی جسمانی تکلیف کے سامنے میاں کی روحانی تکلیف کو کوئی بات ہی نہیں سمجھتیں — یہاں کے لیے یہی تکلیف کیا کم ہے کہ زچہ خانے کے باہر وہ اپنے آپ کو دنیا کا سب سے بڑا گدھا سمجھتا ہے۔ حالانکہ اُس کے پاس

ہی اور بھی بہت سے گھوم رہے ہوتے ہیں۔ اس احساس کا بیوی کے نزدیک کوئی مول نہیں؛ بیوی جو مزے سے ایک بچہ پیدا کر رہی ہوتی ہے۔

آخر عزرائیل کی بہن نرس لیبر روم سے ٹھوتھنی نکالتی ہے اور میاں سے مختصر سا خطاب کرتی ہے۔ "IT'S A BOY" اور میاں اپنی گھبراہٹ میں نرس سے کہتا ہے "CONGRATULA-TIONS"۔ اس سے پہلے کہ میاں بیوی کی حالت پوچھ سکے، نرس جا چکی ہوتی ہے۔

اب میاں ہمت کرتا ہوا اندر جاتا ہے اور بیوی کو اس جانکاہی کے بعد آرام سے سوتا ہوا دیکھتا ہے۔ اس کا سارا اندرا بل کر باہر آجاتا ہے مگر وہ یہ نہیں جان پاتا کہ اب کیا کرے؟ ہنسے یا روئے؟ وہ ہنس اس لیے نہیں سکتا کہ خدا اور عورت کے درمیان عظیم سازش کا ایک اور شکار چلا آیا۔ اور رو اس لیے نہیں سکتا کہ اس کی اپنی طرح کا ایک اور گدھا پیدا ہو گیا۔ جو بڑا ہو کر ضرور محبت میں مبتلا ہو گا اور پھر شادی کر کے زندگی بھر دوائیں ڈھوئے گا۔ چنانچہ اس وقت میاں کو بھی ڈاکٹر پرچی پر کچھ دوائیں لکھ کر دیتا ہے اور میاں بیوی کو کسی چچی یا پھوپی کی تحویل میں دے کر خود بازار سے دوائیں خریدنے نکل جاتا ہے۔ لوٹتا ہے تو بیوی جاگ رہی ہوتی ہے۔ وہ شکوہ شکایت کی نظر سے میاں کی طرف دیکھتی ہے جیسے کہہ رہی ہو "اس دکھ کی دنیا میں کوئی دوا ہے؟" لیکن میاں اب تک جان چکا ہوتا ہے۔ اس لیے دواؤں کا بنڈل کھولنے کی بجائے

وہ کوئی اور ہی پیکیٹ کھولتا ہے جس میں سے گلابی رنگ کی نہایت خوبصورت ساری نکلتی ہے۔ اس کے بعد ایک اور ڈبیہ جس میں سے طلائی گھڑی برآمد ہوتی ہے اور میاں آنکھ میں محبت اور تاسف کے آنسو لیے ایک اُلٹی رکشا بندھن کی شکل میں گھڑی بیوی کی کلائی پہ باندھ دیتا ہے اور ساری اس کے قدموں پہ نثار کر دیتا ہے اور کہتا ہے۔

"رہتو یہ رشوت ہے، مول نہیں"

اور بیوی کے چہرے پہ پھر سے ایک دل کش مسکراہٹ دوڑ جاتی ہے۔ جو ارگنٹ اور لائی سول وغیرہ کبھی نہیں لاسکتیں۔

یہ ہم شوہر بھائیوں ہی کی ہمت ہے کہ بیماریوں کے اس پٹارے سے جسے بیوی کہتے ہیں محبت کرتے چلے جاتے ہیں اس سلسلے میں مجھے منشی پریم چند کا ایک افسانہ یاد آتا ہے۔ جس میں ایک بیوی اپنے نکمے، نکھٹو اور سادہ لوح میاں کا رونا روتی ہے اور آخر اس بات پر حیران ہوتی ہے کہ اس کی سب ایسی باتوں کے باوجود وہ کہیں آدھ گھنٹہ بھی لیٹ ہو جائے تو اس کی ساری کائنات اُلٹ جاتی ہے۔ بجنسہٖ یہ بات میں اپنی بیوی کے سلسلے میں محسوس کرتا ہوں۔ اس کے سارے لڑائی جھگڑے فساد اور گوناگوں بیماریوں کے باوجود مَیں سرِشام اپنے آپ کو اس کی تحویل میں پاتا ہوں اور پھر میرے ساتھ بھی وہی ہوتا ہے جو مرزا اسد اللہ خاں غالب کے ساتھ ہوا تھا۔

اَسد خوشی سے میرے ہاتھ پانو پھول گئے
کہا جب اس نے ذرا میرے پانو داب تو دے

☆☆☆

مہمان

مَیں شروع ہی میں مانے لیتا ہوں کہ مجھے مہمانوں سے نفرت ہے
سخت نفرت!

اگرچہ میں اتنا پڑھا لکھا نہیں لیکن یہ بات ضرور جانتا ہوں کہ ہماری سبھیتا میں مہمان کا بہت بڑا درجہ ہے۔ یہ تو مہمان کی اپنی بدکرداریوں اور اس کے نام میں لگی ہوئی فالتو سی 'م' نے گڑبڑ کر دی، ورنہ وہ تھا ہی مہان... آپ ذرا اسے لکھ کر تو دیکھیے۔

اتھتی ستکار کا ہماری پستکوں میں بڑا مہتو ہے۔ جگہ جگہ اس بات کی پریرنا کی گئی ہے کہ مہمان کیسا بھی ہو، اُسے بھگوان کر کے مانا جائے۔ اس زمانے میں شاید خیالات کی زیادتی تھی یا سوچ بچار کی کمی کہ اُن درشن شاستروں کے لکھنے والے گھوم گھام کر پھر شبد مہمان پہ چلے آتے تھے غالباً وہ سب اس لیے کرتے تھے کہ خود ان کے پاس پہننے کو لنگوٹی تھی اور نہ کھانے کو روٹی اور

وہ جانتے تھے کہ ایک نہ ایک دن ان کو کسی کا مہمان ہونا ہی پڑے گا۔ اگر یہ بات ٹھیک ہے کہ مہمان کا درجہ بھگوان کا ہے تو مَیں بڑی نمرتا سے آپ کے سامنے ہاتھ جوڑ کر کہوں گا کہ مجھے بھگوان سے بھی نفرت ہے!

جس زمانے میں ہمارے شاستر لکھے گئے تھے، اس زمانے میں جگہ کی کیا کمی تھی؟ سوائے وشالتا کے اور تھا ہی کیا؟ نیچے زمین، اوپر آسمان اور بیچ میں مہمان، چاہے درختوں لٹک جائیں۔ آج کس کے پاس ۱۰×۱۰ فٹ سے بڑا کمرہ ہے؟

شامت اعمال اگر مہمان چھ فٹ کا آ جائے تو آپ کو ٹانگیں سکیڑ کر انھیں چھاتی سے لگا کر باقی کے چار فٹ میں گزارا کرنا پڑے گا۔ حالانکہ مرنے کے لیے بھی آدمی کو کم سے کم چھ فٹ جگہ چاہیے۔ جس میں کہ مہمان پڑا ہوتا ہے ۔ ۔ ۔ ۔ صبح اٹھیں گے تو آپ کی ٹانگیں چھاتی کے ساتھ ہی لگی رہ جائیں گی اور جب انھیں پھیلانے کی کوشش کریں گے تو یوں لگے گا جیسے آپ پھر سے پیدا ہونے کی کوشش کر رہے ہیں۔

اگلے وقتوں میں ہمارا پورا فلسفہ مہمان کی مدد کرنے پر تلا ہوا تھا۔ جب لوگ جنگل میں جا کر کندمول وغیرہ کھا لیتے تھے اور اسی میں سنتشٹ ہو جاتے تھے لیکن آج کا دُشٹ مہمان چکن روسٹ سے کم بات ہی نہیں کرتا۔ کچھ اس انداز سے چکنی چپڑی باتیں کرتا ہے کہ آپ اپنے آپ کو کوالٹی ریستوران میں بیٹھے ہوئے پاتے ہیں۔ آخر دم تک یہی معلوم ہوتا ہے کہ بل وہ دینے والے

ہیں ــــ یہ مسئلہ آپ کا ہے، مہمان کا نہیں کہ دیش بھر میں کھانے کو نہیں۔ راشننگ کی تلوار سر پر لٹک رہی ہے۔ بیوی کی شکل دُکان پہ کھڑے کھڑے کیو سی ہو گئی ہے۔ پھر پُرانے زمانے میں انسان زیادہ تھے اور مہمان کہیں اِکا دُکا ملتا تھا۔ لیکن آج مال تھوسی کے عقیدے کے مطابق، اِس بھوکی ننگی دنیا میں مہمان ہی مہمان رہ گئے، انسان کہاں نظر آتا ہے؟ اس زمانے کے مہمانوں میں پھر کوئی آنکھ کی شرم تھی، حیا تھی، دوسرے کی تکلیف کا احساس تھا۔ لیکن آج کل کے مہمان؟ ارے توبہ۔ آپ تو انھیں مجھ سے بہتر جانتے ہیں، کیونکہ ہندستان میں کوئی ایسا آدمی نہیں جسے اس موذی سے پالا نہ پڑا ہو۔ وہ موت کی طرح سے ہر ایک پہ آتا ہے۔ جینا جھوٹ ہے اور مرنا بھی جھوٹ۔ صرف مہمان سچ ہے۔ آج کل کے مہمان کو تو بس گولی ماریے۔ ذرا سوچیے تو، ہم جو خود اس دنیا میں کُل دو ہی دن کے مہمان ہیں اپنے اوپر ایک اور مہمان کو لے آئیں جو مہینے بھر سے پہلے جانے کا نام ہی نہ لے؟ نا صاحب۔ گھر میں مہمان لانے سے تو اپنی بیوی پہ سوت لے آنا اچھا۔

اس دنیا میں "تکلف" کی بھی ایک جگہ ہے۔ مثلاً آپ کسی کے گھر کھانا کھائیں تو شوربے میں ڈوبے ہوئے دو آلوؤں کے بارے میں ضرور کہنا پڑے گا۔ واہ صاحب مزا آگیا۔ برسوں کے بعد ایسا لذیذ کھانا نصیب ہوا ہے۔ یا رُخصت ہوتے ہوئے اپنے میزبان کی بیوی کے بارے میں کہنا ہوگا۔ آپ کی بیوی بڑی

CHARMING ہے۔ سمجھ دار میاں تو اس بات کو سمجھتا ہے وہ صرف ایک بار مڑ کر اپنی بیوی کو دیکھتا ہے اور پھر گھبرا کر بوٹ کے تسمے بند کرنے لگتا ہے۔ لیکن مہمان؟ آپ کہیں غلطی سے بھی اسے کہہ دیں۔ آپ غریب خانے پر تشریف لے چلیے، وہ آپ کا اپنا ہی گھر ہے تو پھر دیکھیے کیسے وہ آپ کے ہاں انتقال فرما جاتے ہیں اور وہیں اپنی قبر بنا کر رہتے ہیں۔ آپ کو آپ کی بیوی کو، آپ کے بچّوں کو مجاور بنا کر چھوڑتے ہیں۔ کچھ دنوں کے بعد آپ کو محسوس ہونے لگتا ہے کہ آپ اپنے ہی گھر میں مہمان ہو گئے۔ میزبان تو وہ ہیں، بذاتِ خود!

اپنے دل میں پھر سے گھر کا احساس جگانے کے لیے آپ کے پاس ایک ہی طریقہ رہ جاتا ہے اور وہ یہ کہ اگلے پھیرے میں آپ اس کے گھر میں مہمان ہو جائیں اور ہر بات میں ان کی جھونپڑی کو بار بار دولت خانہ کہیں یہ تشریف رکھیے "... "پہلے آپ" اور اس قسم کے جملوں کا آزادانہ استعمال کریں۔ پھر ایک اور بات جو ان سے سہواً چھوٹ گئی۔ اس کی بیوی سے عشق بھی کریں اس لیے نہیں کہ آپ کا جی چاہے گا، بلکہ اس لیے کہ اس کمینے کو پتا تو چلے کہ کسی دوسرے کے گھر میں مہمان کیسے ہوا جاتا ہے؟

بمبئی کے فلیٹوں کے بارے میں تو آپ جانتے ہی ہیں۔ سالے بہت ہی فلیٹ ہیں۔ ان میں اگر آپ ایک چارپائی رکھ دیں تو دو پائے والے کے لیے کہیں کوئی گنجائش نہیں۔

آخر چارپائی تک پہنچنے کے لیے تھوڑی جگہ تو چاہیے ہی۔ بہرحال وہ کھاٹ جسے آپ کی بیوی جہیز میں لائی تھی اور جسے آپ پلنگ نہ کہیں تو وہ مرنے مارنے کے لیے تیار ہو جاتی ہے۔ مہمان کو دینا پڑتی ہے اور خود نیچے سونا پڑتا ہے بدقسمتی سے اگر آپ کے مہمان ساتھ اپنی بیوی کو بھی لائے ہوں تو پھر آپ اوپر سو سکتے ہیں، نہ نیچے۔ ہاں، تو جب آپ مہمان صاحب کو چارپائی پر سونے کے لیے کہیں گے تو پہلے وہ ضرور کہے گا۔ نہیں صاحب! یہ کیسے ہو سکتا ہے؟ آپ پلنگ پر سوئیے، میں نیچے سو جاتا ہوں لیکن اس کی نیت ہرگز ایسی نہ ہو گی۔ وہ جانتا ہے ناکہ اس کی خاطر کر کے میزبان اپنے کرتویہ ہی کا تو پالن کر رہا ہے۔ اس کی اس پیش کش سے انکار کیا تو بے چارے میزبان کے دل پر کیا بیتے گی؟ چنانچہ وہ پلنگ پر ٹانگیں پھیلا کر مزے سے سو جائے گا۔ تھوڑی دیر بعد آپ کو یوں لگے گا جیسے دشمن کا ریڈیو براڈکاسٹ کر رہا ہے۔ لیکن آپ کوڈ نہ جاننے کی وجہ سے اسے سمجھ نہیں سکتے۔ پھر آپ کو اچانک خیال آئے گا۔ نہیں بھائی، اس WAVE LENGTH پر تو پہلے ہی بیسیوں نشریات سن چکے ہیں۔ یہ تو مہمان کے خراٹے ہیں۔

چنانچہ مہمان صاحب سو رہے ہیں۔ ہمیشہ کی نیند نہیں۔ صبح وہ پھر جاگ جائیں گے۔ ایک نہیں نیند آتی تو آپ کو اور آپ کی بیوی کو جو سوچ رہے ہیں کہ کل ان کو کیا کھلائیں گے؟ آپ سوچتے تو نیلا تھوتھا ہیں اور لاتے سیب ہیں، جن کا منہ بھی مہنگائی ر

کے اس زمانے میں آپ نے مہینوں سے نہیں دیکھا۔ پھل بیچنے والا پیشہ ور آدمی ہے۔ وہ آپ کو دیکھتے ہی تاڑ جاتا ہے کہ ہو نہ ہو ان کے گھر میں کوئی مہمان آیا ہے اور اتتھی ستکار کی بھاونا ان کے من میں ویاکل ہو اٹھی ہے۔ چنانچہ وہ سیب تو ایک دیتا ہے اور روپے دو مانگتا ہے۔ جیسے اکیلا وہی ایک سیب ہے جو ہوائی جہاز میں بیٹھ کر کشمیر سے آیا ہے۔ پھر آپ آم خریدنے کا فیصلہ کرتے ہیں کیونکہ وہ مقابلہ میں سستا پڑتا ہے۔ گھر پہنچ کر آپ اس آم کی بہت سی قاشیں کاٹ کر مہمان کے سامنے رکھتے ہیں تاکہ اُنھیں ایک کے دو معلوم ہوں۔ مہمان ایک بار پھر آپ کا دل نہیں دکھانا چاہتا۔ چنانچہ لپٹر چپٹر وہ سارے کا سارا آم چٹ کر جاتا ہے۔ آپ سوچتے ہیں، شاید وہ سمجھ رہا ہے کہ اندر اور بھی بہت سے آم ہیں۔ وہ نہیں جانتے کہ اندر صرف بیوی ہے جو غصے سے کانپ رہی ہے اور اس کی شکل اَنناس کی سی ہو گئی ہے۔

مہمان کے گھر میں آنے سے سب سے بڑی بے ہودگی جو ہوتی ہے، وہ آپ کے سب راز، سب پول کھل جانا۔ آپ گھر میں آدھی کھائیں یا ساری، یا بھوکے ہی سو رہیں، لیکن مہمان کے آتے ہی آپ کی قلعی کھل جاتی ہے۔ آپ کتنا ہی اس سے چھپانے کی کوشش کریں مگر وہ سب ایسے ہی بے کار ہے جیسے کارک کو پانی میں ڈبونے کی کوشش۔ مہمان اس وقت اندر سے خوش لیکن باہر سے اداس دکھائی دیتا ہے اور اکثر

یہ جملہ کہتا ہے — "کیا ہوا بھائی، گھروں میں ایسا ہوتا ہی ہے..."

وہ ہمدردی کر رہا ہے جسے آپ سخت ناپسند کرتے ہیں جب تک آپ بڑے دس سو روپے کا نوٹ پکڑ سکتے ہیں، اپنی گھڑی بیچ سکتے ہیں، بیوی کی چوڑیاں گروی رکھ سکتے ہیں کسی کو ہمدردی جتانے کا کیا حق ہے؟ اگر آپ کسی نہ کسی طرح حقیقتِ حال چھپانے میں کامیاب ہو بھی جائیں تو پھر مہمان بڑے شاطرانہ انداز میں کریدنے کی کوشش کرتا ہے۔

"کیوں بھائی! کاروبار کا کیا حال ہے؟"

آپ جواب دیتے ہیں — "اچھا ہے"

"کوئی ترقی ورقی نہیں ہوئی؟"

"ہوئی کیوں نہیں؟ .... ہر سال ہوتی ہے، جیسے ہر معقول ہندستانی عورت کے بچہ پیدا ہوتا ہے — ہی"

چنانچہ ہنسی میں بہہ جانے کی وجہ سے آپ کو بالکل اندازہ نہیں رہتا کہ آپ کیسے دھیرے دھیرے مہمان کی سازش میں آرہے ہیں۔ وہ آپ کے بھونڈے مذاق پر آپ سے کہیں زیادہ ہنستا ہے اور اعتراف بھی کرتا ہے کہ اس کے پیٹ میں بل پڑ گئے اور پھر ایکا ایکی آپ کو پورے طور پہ نہ دیکھتے ہوئے اپنے ترکش سے ایک اور تیر چھوڑتا ہے — اب تو تنخواہ تین سو روپے مہینہ ہو گئی ہو گی؟"

آپ کی رگِ حمیت ایک دم پھڑک اٹھتی ہے اور کچھ یاد نہیں رہتا۔ آپ اپنے آپ کو کہتے ہوئے پاتے ہیں — "تین سو؟ پانچ سو تو میری پچھلے برس تھی —" تبھی آپ کو پتا چلتا ہے کہ آپ نے کیا حماقت کی۔ خود کو کنوئیں میں گرا کر اب آپ بچنے کے لیے بے کار ہی ہاتھ پیر مارتے ہیں اور کہتے ہیں۔ "وہ پانچ سو میں آج

بنتا ہی کیا ہے؟ کچھ انکم ٹیکس کٹ جاتا ہے، کچھ انشورنس، پراویڈنٹ فنڈ میں چلا جاتا ہے۔ کچھ بیوی کمیٹی کے لیے رکھ لیتی ہے تاکہ اس بیٹی کی شادی کر سکے جو ابھی پیدا نہیں ہوئی...» لیکن صاحب آپ کچھ بھی کیجیے۔ مہمان اندازہ لگا چکا ہے کہ آپ کے گھر میں اور کتنے دن رہا جا سکتا ہے۔

ہر معقول آدمی کا بیوی سے جھگڑا ہوتا ہے کیونکہ مرد عورت کا رشتہ ہی جھگڑے کا ہے۔ لیکن جب مہمان گھر میں آتا ہے تو وہی جھگڑا نبا بھارت کی صورت اختیار کر لیتا ہے۔ بیوی آپ سے کتنی نفرت کرتی ہے، اس کا اُس وقت تک پتا نہیں چلتا، جب تک مہمان گھر میں نہ آئے۔ جیسے آپ کو بلو لنے کے سوا کچھ نہیں آتا، ایسے ہی بیوی یاد رکھنے کے سوا اور کچھ نہیں جانتی۔ جانے کب کا بغض آپ کے خلاف سینے میں لیے بیٹھی ہے جو مہمان کے آتے ہی پنڈورا باکس کی طرح آپ کے سر پر اُلٹ دیتی ہے۔ مہمان سے براہ راست مخاطب ہوتے ہوئے وہ کہتی ہے "دیکھیے بھائی صاحب۔ دن میں چوبیس گھنٹے پان کھاتے ہیں اور اس پہ دودھ کا ایک گلاس نہیں پیتے۔ آپ بتائیے ان کو خشکی ہوگی کہ نہیں ہوگی؟ نہ ناشتے کا کوئی وقت ہے نہ کھانے کا.... اب پینے کی نئی لت پڑ گئی ہے۔ اس بات کے انتظار میں رہتے ہیں کہ کوئی مہمان آئے اور ان کے پینے کا بہانہ ہو جائے.... آج تو میں اُنھیں ہاتھ بھی نہیں لگانے دوں گی۔"

"کیسے؟" مہمان شرارت سے کہتا ہے۔

بیوی کچھ مسکراتے اور کچھ شرماتے ہوئے کہتی ہے "بوتل کو، اور کیسے؟ آپ بھی بالکل نہ پیجیے گا، بھائی صاحب"
مہمان تھوڑا گھبرانے لگتا ہے اور لہجے میں وہ پیار لے آتا ہے جو وہ اپنی سگی بیوی کے لیے کبھی نہیں لایا ــــ "کبھی کبھی پی لینے میں کوئی حرج نہیں، بھابی! مرد لوگ۔۔۔۔"
بیوی ایکا ایکی میز پر ہاتھ مار کے کہتی ہے۔ "نہیں"
"ہاں" میں جواباً کہتا ہوں اور بوتل ڈھونڈنے چل نکلتا ہوں جو بیوی نے گودریج کی الماری میں چھپا رکھی ہے اور تالا لگا دیا ہے۔ میں کنجی مانگتا ہوں اور وہ ٹھنٹ دکھاتی ہے۔ میں جانتا ہوں چابی کہاں ٹھنسی ہے، لیکن مہمان کے سامنے وہاں سے نکال نہیں سکتا۔ چونکہ میرے شوہری وقار کو ٹھیس لگتی ہے اس لیے میں آگ بگولا ہو جاتا ہوں اور بیوی کے خلاف زہر اُگلنے لگتا ہوں۔ "یہ عورتیں!۔۔۔۔ آپ دو روپے کمائیں اور دیانت دار آدمی کی طرح آتے ہی ایک روپیا ان کے ہاتھ میں تھما دیں۔ باقی کے روپے میں آپ بس کا کرایہ رکھیں اور صرف اٹھنی اپنے موج میلے کے لیے۔ جب بھی ان کی نگاہ آپ کی اٹھنی پر رہے گی۔ مرد سے یہ آخری سانس تک نچوڑ لیں گی اور جب وہ مر جائے تو اونچی اونچی آواز میں روئیں گی۔ اس لیے نہیں کہ وہ مر گیا ہے، بلکہ اس لیے کہ اب نچوڑیں گی کیسے؟"
"بکو مت"، بیوی کی بلند آواز آتی ہے اور آپ دیکھتے ہیں کہ اس کی سانس دھونکنی کی طرح چلنے لگی ہے۔ ابھی سے اسے فکر پڑ گئی

کہ یہ گیا تو روپیا کہاں سے آئے گا؟ لیکن آپ اپنا ٹیمپو کم نہیں ہونے دینا چاہتے۔ آپ مہمان سے کہتے ہیں — "آپ ہی بتائیے بھائی صاحب... ہر بیوی شادی کے دس سال میں یہ ہوجاتی ہے۔ اس دلھن کو دیکھیے جسے آپ برسوں پہلے گھر لائے تھے اور جس سے والہانہ پیار کیا تھا، دو گھونٹ پینا ضروری ہیں یا نہیں؟ یہ ذلیل سا گھر ہمارا.... جب میں پی لیتا ہوں تو مجھے یہ پیجو ایلیہ معلوم ہونے لگتا ہے اور یہ گندا سا محلہ ہینگنگ گارڈن!" پھر میں آنکھوں میں شعلے اور انگارے برساتے ہوئے بیوی کی طرف دیکھتا ہوں اور کہتا ہوں "دیکھو شانتی! مجھے آکاش وانی ہو رہی ہے۔"

بیوی آکاش وانی کا مطلب سمجھتی ہے، اس لیے ڈر کے مارے چابی میرے ہاتھ میں تھما دیتی ہے لیکن اس کے بعد جو ہتھیار میرے خلاف استعمال کرتی ہے، اس کے سامنے آکاش وانی بھی کوئی حقیقت نہیں رکھتی۔ وہ رونے لگتی ہے اور مہمان سے مخاطب ہوتی ہے — "آپ کو کیا بتاؤں بھائی صاحب! جب یہ پی لیتے ہیں تو آدمی نہیں رہتے۔"

"کیا ہو جاتے ہیں؟" وہ پوچھتا ہے۔

بیوی ہچکچاتے ہوئے کہتی ہے "باہر جاتے ہیں۔"

"باہر جانے میں کیا حرج ہے؟" مہمان عارفانہ تجاہل کے ساتھ کہتا ہے "باہر کی کھلی ہوا......"

"اوہو۔ آپ نہیں سمجھتے۔"

"او۔" مہمان کہتا ہے، جیسے وہ سمجھ رہا ہے۔

"آپ ایسے نہیں، تو سمجھتے ہیں۔ دنیا میں کوئی بھی مرد ایسا نہیں؟" اور پھر گھگھیا کر رونے لگتی ہے اور ہمارے دیکھتے دیکھتے وہ ذلیل اور گھٹیا مہمان ہم میاں بیوی پہ جج بن کر بیٹھ جاتا ہے۔ بیوی مجھے نقطوں سے بھری ہوئی گالیاں دیتی ہے اور میں اُسے بے نقط سناتا ہوں۔ مہمان بیچ بچاؤ کرتا ہے۔ باہر سے دُکھی مگر اندر سے سُکھی نظر آتا ہے۔ آخر وہ مجھے بے تحاشہ صلواتیں سنانے لگتا ہے . . . . "شرم آنی چاہیے آپ کو۔ ہم نے ہزاروں عورتیں دیکھی ہیں لیکن شانتی ایسی دیوی نہیں دیکھی۔ آپ اگلے سات جنم تک بھی لگے رہیں تو ایسی ستی ساوتری آپ کو نہ ملے گی۔"

"اگلے سات جنم؟ میں پچھلے سات جنم سے لگا ہوا ہوں۔"

"کیا کہا؟"

"پچھلے سات جنم سے ستی ساوتری کی تلاش میں ہوں، اور اب جا کر مجھے یہ ملی ہے شانتی۔ اب تو مجھے موکش ملنے والا ہے۔"

بیوی عقیدت کے ایک جذبے سے مہمان کی طرف دیکھتی ہے۔ میں سمجھتا ہوں کہ کیا ہو رہا ہے۔ اس گھر میں مہمان کی نوکری پکی۔ یہ تو موٹی عقل کا مہمان بھی جانتا ہے کہ کسی کے گھر میں رہنا ہے تو بیوی کے ساتھ بنا کر رکھو۔ اب وہ مجھے اور بھی بُرا بھلا کہنے لگتا ہے۔ بیوی چونکہ مرد کا EGO ہوتی ہے، اس لیے میاں اوپر سے بے حد خفا ہوتا ہے اور بھیتر سے خوش۔ بیوی کے سلسلے

میں اسے کھانا کھا کر اتنی خوشی نہیں ہوتی، جتنی جوتے کھا کر ہوتی ہے۔ ہر بیوی کسی انتقامی جذبے سے چاہتی ہے کہ مرد کو وہ بے بھاؤ کی پڑیں کہ نانی یاد آجائے اور پھر وہ بے دست و پا ہو کر اس کی شرن میں چلا آئے۔ جب وہ اسے ایسا پیار دے جو ماں ہی اپنے بچّے کو دے سکتی ہے، جب وہ پڑوس کے کلوا سے پٹ پٹا کر گھر آتا ہے۔

لیکن آپ کا مہمان تھوڑی ہی دیر میں آپ کا سب مزا کرکرا کر دیتا ہے۔ وہ آپ کو آنکھ مار کر ایک طرف لے جاتا ہے اور بالکونی پر لے جا کر بڑی راز داری سے کہتا ہے "آپ بھی ایک ہی ننتک ہیں۔ ہوتی میری بیوی تو ایک جھانپڑ دے کر گھر سے نکال دیتا۔"

مہمان کو گھر سے بھگانے کا ایک ہی طریقہ ہے۔ اس کے کپڑوں پہ سیاہی انڈیلنے، روٹی میں ریت ڈالنے، گھر کا مین سوئچ آف کر دینے کے سب طریقے پرانے ہو چکے ہیں۔ جدید طریقہ یہ ہے کہ خود ایک دم گھبرا جاؤ، جس سے آپ کا مہمان بھی گھبرا جائے گا۔ اس کی اتنی خاطر کرو کہ وہ توبہ توبہ بول اٹھے۔ اس کا پانو ہی زمین پر نہ پڑنے دو۔ اس کے منہ سے 'پ' نام کا حرف نکلے تو دوڑ کر پانی کا گلاس لے آؤ۔ پلنگ پر بیٹھا وہ زمین کی طرف دیکھے تو سلیپروں کی جوڑی اٹھا کر سامنے رکھ دو۔ وہ آپ سے بار بار معافی مانگے گا۔ لیکن اس بات کا آپ پہ ذرا بھی اثر نہ ہو۔ باتھ روم کا بٹن آپ دباؤ۔ نل بھاگ کے کھولو اور ایسے میں دیوار سے ٹکرا کر اپنا سر پھوڑ لو۔ غلطی سے کہیں وہ خود ہاتھ دھونے لگے تو ایک تولیہ لے کر کھڑے رہو۔ ٹی کا لوٹا خود ہاتھ میں لے کر سامنے بیٹھ جاؤ اور اُس کے منت کرنے پر بھی نہ ٹلو۔

لیکن یاد رہے۔ یہ سب نسخے باریک عقل کے مہمانوں پر چلتے ہیں، موٹی عقل کے مہمانوں پر نہیں۔ پچھلے مہمان کو میں باریک عقل کا سمجھا تھا لیکن وہ موٹی عقل کا نکل آیا۔ میرے یہ سب کرنے کے بعد اس نے منڈی ہلائی اور کہا ــــ "آپ بڑے دیوتا آدمی ہیں۔"

جب میری سمجھ میں آیا کہ میں کیا ہوں؟

پھر مہمان کے ساتھ جو اس کی بیوی آتی ہے، وہ عجیب ہی چیز ہوتی ہے نہ جانے آپ کیسے اُسی وقت اندر کے کمرے میں جاتے ہیں، جب وہ کپڑے بدل رہی ہوتی ہے۔ وہ آپ کو دیکھتے ہی ہڑبڑا کر ایک طرف بھاگتی ہے۔ آپ کھڑکھڑا کر دوسری طرف۔ اسی گھبراہٹ میں اس کی رہی سہی ساری بھی کُھل جاتی ہے اور جب آپ دونوں سخت وحشت کے عالم میں اُلٹی سمتوں میں بھاگتے ہیں تو نہ جانے کیسے پھر برآمدے میں ٹکرا جاتے ہیں۔ آخر بڑی مشکل سے آپ اپنے ہونٹ پونچھتے ہوئے الگ ہو جاتے ہیں۔ . . .

مہمانوں کے ساتھ ایک بہت بڑی ایوالانش بھی آتی ہے جس کا نام بچے ہیں اور جو شکل ہی سے مہمان کے بچے معلوم ہوتے ہیں۔ آپ بھی جانتے ہیں کہ بچوں سے پیار کرنا چاہیے کیونکہ وہ پرماتما کے راج بھوت ہوتے ہیں۔ لیکن اس کا کیا کیجیے کہ چھوٹے نلی چوچو کی ناک بہہ رہی ہے، جسے وہ ہمیشہ اپنی قمیص کے کف سے پونچھتا ہے۔ بڑا باہر سے کھیلتا ہوا آتا ہے اور اپنے کیچ سے لت پت پانو دوان پر رکھ دیتا ہے۔ ان کی ماں رسمی طور پر انھیں ڈانٹتی ہے۔ لیکن آپ کہتے ہیں ــــ "بچے ہیں، بھابی۔ یہ تو ایسے ہی کریں گے جیسے ــــ بچے کرتے ہیں۔

انھیں روکنا بڑی غلطی ہے۔" یہی نہیں، آپ اپنے علم کے زور پر اسے بتاتے ہیں کہ بچے تھوڑی بہت توڑ پھوڑ نہ کریں تو ان میں تخریبی جذبے دب جاتے ہیں اور اس وقت نکلتے ہیں، جب وہ بڑے ہو جائیں لیکن یہ بات تو آپ بھی نہیں جانتے کہ آج کل کے بچے، آپ کی سب بات سمجھ رہے ہیں۔ ابھی آپ نے کھانے کے لیے لقمہ منہ میں نہیں رکھا کہ اڑڑڑڑ دھڑام کی آواز آتی ہے۔ آپ سب بھاگتے ہوئے بغلی کمرے میں پہنچتے ہیں تو دیکھتے ہیں کہ لینن کا بت جو آپ لینن گراڈ ہی سے لائے تھے، زمین پر گر کر ٹکڑے ٹکڑے ہو گیا ہے اور ننھی چوچو پاس کھڑا کچھ فاتحانہ، کچھ مجرمانہ انداز سے ہنس رہا ہے۔ ہے ہے ہے ہے ۔۔۔۔۔
اب ماں دکھاوے کے لیے تھپڑ مارتی ہے لیکن صاف پتا چلتا ہے کہ وہ کس پھولوں کی چھڑی سے اس کی تواضع کر رہی ہے۔ اب آپ ہیں اور آپ کی بیوی جو اسے چھڑا رہے ہیں۔ آپ کا انتا کرن تو کہتا ہے۔ سالے کو ننگا کر کے ٹکٹکی لگا کر وہ بید مارو کہ چمڑی ادھڑ جائے لیکن اوپر سے آپ یہی کہتے ہیں "دکیا ہوا بھابی؟ بچے تو توڑیں گے ہی میں نے آپ سے کہا نہیں تھا؟ ۔۔۔ چھوڑو اب مار ہی ڈالو گی معصوم کو؟" پھر چھڑانے کی بجائے اسے آگے دھکیلتے ہوئے آپ کہتے ہیں "روس والے اب مجھے REACTIONARY سمجھنے لگے ہیں ورنہ میں ایک اور بت ماسکو سے لے آتا۔"
بجلی مجھ پر اس وقت گرتی ہے جب میرا مہمان اور اس کی بیوی دونوں مل کر بچے سے کہتے ہیں "نمستے کرو، نمستے کرو انکل کو۔۔۔۔ ارے کنگ"

اب کنگ ماں کی دھوتی پکڑ کر اس کے پیچھے چھپنے لگتا ہے اور مشکوک انداز سے آپ کی طرف دیکھتا ہے اور بڑی ادا سے کہتا ہے "نا ئیں۔۔۔"

بچے کا باپ، اسے پکڑتے، سامنے لاتے ہوئے کہتا ہے "ارے نمستے کر سالے انکل چاکلیٹ دیں گے۔"

جبھی ماں اتراتی ہے "میرا کنگ چاکلیٹ بہت پسند کرتا ہے۔"

آپ فوراً کہتے ہیں "چاکلیٹ لے دوں گا بیٹے۔ اور ٹافی بھی۔"

حالانکہ اتنا کرن کہتا ہے۔ تھوڑا سے پوٹاشیم سائنائیڈ بھی۔ میں پھر شروع ہوتا ہوں۔

"تمھارے لیے غبارہ لاؤں گا، کنگ! بہت بڑا غبارہ نمستے۔۔۔"

"ہی ہی ہی۔ نمشتے!" آخر کنگ کہتا ہے۔

پھر اس کا باپ شروع ہوتا ہے۔۔۔۔ "یار کنگ، انکل کو اے بی سی ڈی سناؤ۔"

کنگ انکار میں سر ہلا دیتا ہے۔ اور پھر ماں کے پیچھے چھپنے لگتا ہے "ارے سناؤ نا، شرما کیوں رہے ہو؟" ماں اسے پھر سامنے لاتے ہوئے کہتی ہے "انکل سائکل لے کر دیں گے۔"

"ہاں میں کہتا ہوں "کار لے دوں گا۔"

جب کنگ فارم میں آتا ہے اور کہتا ہے۔ "چابی والی کار نائیں انکل! وہ والی۔" اور پھر وہ دونوں ہاتھوں سے اسٹیرنگ وھیل کی شکل بناتا ہے۔

آخر میرے وعدہ کرنے پر وہ شروع ہوتا ہے۔

"اے۔۔۔ بی۔۔۔ شی۔۔۔ ڈی۔۔۔ ای۔۔۔ ہی ہی،

مجھے سُو سُو آیا ہے ممی۔۔

"ارے!" ممی یوں اظہار کرتی ہے، جیسے کوئی ان ہونی بات ہو گئی۔

"چل اندر"

اور وہ وہیں سے اس کا ازار بند کھولتی ہوئی کنگ کو باتھ روم کی طرف لے جاتی ہے۔ لیکن جاتے میں یہ بھی کہہ جاتی ہے "بالکل باپ پر گیا ہے، کام کے وقت سُو سُو۔۔۔۔"

باپ ہنستا ہے۔ میں بھی ہنستا ہوں۔ میری بیوی ہنستی ہے۔ ساری دنیا ہنستی ہے۔

ہمارا مہمان پھر شروع ہوتا ہے۔ "بڑا ذہین ہے اپنا کنگ!"

"کیوں نہ ہو" میں اتفاق کرتا ہوں "ذہین ماں باپ کی اولاد۔"

حالانکہ میرا انتاکرن کہتا ہے۔ گدھے کا بچہ گدھا ہی ہوگا، گھوڑا کیسے ہو جائے گا؟

جبھی ایک طرف سے کوئن چلی آتی ہے۔ انگریزی GEN-- DER کے سب قانون جھٹلاتی ہوئی، کیونکہ وہ کوئن ہونے پر بھی کنگ کی بہن ہے۔ وہ اپنے بھائی کی ہر دل عزیزی دیکھتی اور جلتی رہی ہے۔ شاید اس لیے کہ وہ کسی بڑی پاٹھشالہ میں پڑھتی ہے، سامنے آتے ہی وہ، بنا کسی فرمائش کے، ایک پرانا، بے سُرا سا گانا شروع کر دیتی ہے۔

"ہیئے دیا مئے، ہم سبھوں کو شدھتائی دیجیے۔۔۔۔"

میں بھجن سنتا ہوں لیکن نہ جانے کیوں مجھے اپنی تائی یاد آجاتی ہے۔ جو بہت ہی شُدھ ہے۔۔۔۔ میں اپنا پیچھا چھڑانے کے لیے کوئن کو بیچ

ہی میں ٹوک دیتا ہوں اور کہتا ہوں ــ ’’واہ، کیا گلا پایا ہے۔۔۔ بڑی ہو گی تو لتا منگیشکر سے کم کیا ہو گی؟‘‘ اور میرے انتا کرن سے آواز آتی ہے۔ مینڈک کی اولاد!

لیکن کوبن بدستور گا رہی ہے۔ انترہ پہلے اور استھائی بعد میں، اس سے بھجن اور بھی موثر ہو جاتا ہے۔

’’ایسی کرپا اور انوگرہ ہم پہ ہو پرماتما‘‘

چونکہ وہ بچی ہے، اس لیے بھلائی اور برائی میں تمیز نہیں کر سکتی اور بڑی نمرتا سے پرارتھنا کرتی ہے جس سے وہ پرانا اور فرسودہ گانا نیا اور ماڈرن ہو جاتا ہے۔ ع

’’دور کر کے ہر بھلائی کو برائی دیجیے‘‘

اتنے میں کنگ فارغ ہو کر چلا آتا ہے اور کوبن کو گاتے دیکھ کر شروع ہو جاتا ہے ’’میں بھی سناؤں گا اردو کا سبق‘‘

ارے سناؤ، سناؤ کنگ۔۔۔ یار کنگ تم تو۔۔۔‘‘ ہم سب کہنے لگتے ہیں۔

اب کنگ ایک ہی سانس میں سبق سنا جاتا ہے۔

’’بچھو سے کسی نے پوچھا۔ تو جاڑے میں باہر کیوں نہیں آتا؟ بچھو نے کہا۔ گرمیوں میں میری کونسی خاطر ہوتی ہے جو جاڑے میں بھی باہر آؤں؟‘‘

اور پھر کنگ یکبارگی الٹا سانس لیتا ہے۔ ہا!

۔ ۔ ۔ ۔ ۔ ۔ ۔

آخر ایک دن ہمیں آناً فاناً پتا چلتا ہے کہ ہمارے یہاں جانے والے

ہیں۔ یہ نہیں کہ وہ پہلے ہی سے ہمیں اپنے شرگباشش ہونے کی خبر دے دیتے ہیں بلکہ کچھ یوں کہ اس سہانی صبح کو ہمارا مہمان ہمارے پاس آتا ہے، محبت بھرا ہاتھ ہمارے کاندھے پہ رکھ دیتا ہے اور آہستہ آہستہ خود سرکتا ہمیں سرکاتا ہوا، بالکونی کی طرف لے جاتا ہے اور کھسر پھسر کے انداز میں بات شروع کرتا ہے ”بات یہ ہے، میں نے بینک میں ایک چیک ڈالا تھا۔۔۔“

میں ایکا ایکی سب سمجھ جاتا ہوں اور اُسی وقت پوچھتا ہوں۔ ”کتنے روپے چاہییں آپ کو؟“

وہ کہنے لگتے ہیں۔ ”میں دِلی پہنچتے ہی آپ کو لوٹا دوں گا۔“

اب میں اپنے مہمان کو یہ نہیں بتا سکتا کہ جو آدمی مجھے پیسا لوٹانے کی بات کرتا ہے، میرا اُس کے منھ پہ تمانچا مارنے کو جی چاہتا ہے۔ خیر وہ تو میرا انتاکرن ہے۔ میں اُسے صرف اتنا ہی کہتا ہوں ”ارے یار، تم نے آتے ہی کیوں نہ مانگے۔۔۔۔ کتنے چاہییں؟“

”زیادہ نہیں۔“ وہ کہتے ہیں۔ ”یہی تین اک سو روپے۔“

میں فوراً بھاگا ہوا اندر جاتا ہوں اور اپنی بیوی کے پاؤں پر سر رکھ دیتا ہوں اور اس سے تین سو روپے لاکر مہمان کو دے دیتا ہوں۔ وہ کچھ کھسیائے ہوئے انداز میں مجھے تکلیف دینے کی معذرت چاہتے ہیں لیکن وہ یہ نہیں جانتے کہ میں اندر سے کتنا خوش ہوں۔ بھلا مہمان اس کے لاؤ لشکر۔ کنگ کوئین، پرنس رائل اور اس کے پورے شاہی خاندان سے چھٹکارا پانے کی تین سو روپے بھی کوئی قیمت ہے؟

☆☆☆

فلم بنانا کھیل نہیں

فلم یوں تو کھیل ہے، لیکن اس کا بنانا کھیل نہیں۔ ارادے اور روپ ریکھا سے لے کر فلم بنانے تک بیچ میں بیسیوں، سیکڑوں ایسی رکاوٹیں آتی ہیں کہ بڑے دل گردے والا آدمی بھی دم توڑ سکتا ہے۔

سوشل فلم باقی دوسری فلموں سے الگ نہیں، لیکن زیادہ مشکل اس لیے ہے کہ اس کے ساتھ آپ پر زیادہ ذمّے داری آپڑتی ہے۔ ہمارا سماج مختلف قسم کا ہے۔ کئی مذہب، نسل، صوبے، بولیاں ٹھولیاں ہیں۔ جمہوری نظام نے انفرادی طور سے سب کو بنیادی حقوق دے رکھے ہیں، اور مجموعی طور پر برابری کے حقوق۔ کہنے کا مطلب یہ نہیں کہ میں ان حقوق کے خلاف ہوں، لیکن ایک بات ضرور ہے کہ انفرادی اور اجتماعی طور سے ابھی میرے بھائیوں کو ان حقوق کا استعمال

کرنا نہیں آتا۔

مجھے یاد ہے، جب میں نے فلم "مرزا غالب" لکھی تو اوّل اور آخر ہمارے سامنے مقصد یہ تھا کہ دیش کے کونے کونے میں مرزا غالب کا کلام گونجے۔ لوگ ان کے خیالات اور ان کی شاعری کی عظمت سے روشناس ہوں۔ کہانی تو ایک بہانہ ہوتی ہے، جس کی مدد سے آپ اس عہد کے سماج کی پرچھائیاں قلم بند کرتے ہیں۔ چنانچہ بہادر شاہ ظفر کہتے ہیں ــــ "نہ آواز اٹھی اور نہ آنسو بہے۔ شہنشاہ ہند کی حکومت جمنا کے کنارے تک رہ گئی۔" مغل عہد ختم ہو رہا تھا اور برٹش سامراجیت دھیرے دھیرے اپنے پنجے پھیلا رہی تھی۔ کتنے افسوس کی بات ہے کہ مرزا صاحب جب جیل سے رہا ہو کر اپنی محبوبہ کے یہاں آتے ہیں اور دروازہ کھٹکھٹاتے ہیں تو کوئی جواب نہیں آتا۔ اس وقت وہ ایک سادہ مگر دُکھ بھرے جملے میں اس عہد کا پورا نقشا کھینچ دیتے ہیں۔ "ارے کہاں ہو دِلّی والو؟ . . . . دن دہاڑے ہی سو گئے؟" اس پر بھی کچھ لوگوں کو سوجھی کہ مرزا صاحب کی عشقیہ زندگی کیوں پیش کی گئی؟ جیسے وہ انسان نہیں تھے، ان کے دل نہیں تھا۔ وہ کتنے دل والے تھے، ان کے خطوط پڑھ کر پتا چلتا ہے۔

تاریخی فلموں کا ذکر محض تذکرہ ہے، کیونکہ حقیقت میں وہ کسی نہ کسی طرح سماجک پہلو لیے ہوئے ہیں۔ مگر اس کا کیا کیا جائے کہ اس کے ساتھ کسی نہ کسی مقصد کا اشارہ ہوتا ہے۔ مثال کے طور پر مہاراج رنجیت سنگھ کے بارے میں فلم بنانا آسان

نہیں ہے۔ حقیقت سے متعلق دو مورخوں کی رائے آپس میں نہیں ملے گی۔ پھر وہ مقصد ان کی زندگی کے انفرادی پہلو کو فلم کے پردے پر نہیں لانے دے گا۔ آپ کو کئی اداروں سے کلیرنس حاصل کرنا ہوگا اور جب وہ حاصل ہوگا تو اسکرپٹ کی شکل بالکل بدل چکی ہوگی، جس میں آپ اپنا چہرہ پہچان ہی نہیں پائیں گے۔ کچھ اس قسم کی باتیں ہو جائیں گی — آپ بہت اچھے ہیں، میں بھی بہت اچھا ہوں۔ تندرستی ہزار نعمت ہے، وغیرہ وغیرہ۔ اور اگر آپ ان کے شکوک کے خلاف جائیں گے تو مورچے لگیں گے، آپ کی زندگی خطرے میں پڑ جائے گی اور آپ گھر کے باہر نہیں نکل سکیں گے۔ آپ زیب النساء کے بارے میں فلم نہ ہی بنائیں تو اچھا ہے، کیونکہ وہ اورنگ زیب کی بیٹی تھی اور اس لیے سیزر کی بیوی کی طرح تمام شکوک اور شبہوں سے اوپر۔ عاقل خاں گورنر ملتان سے ان کی محبت کو نہ صرف مشکوک سمجھا جائے گا، بلکہ اس کی صحت، میرا مطلب ہے، قصے کی صحت کو بیہودہ قرار دیا جائے گا۔

آپ دُور کیوں جاتے ہیں، حال ہی میں ستیہ جیت رائے نے، جنھیں دنیا ایک بڑے ڈائریکٹر کی حیثیت سے مانتی ہے، ایک فلم بنائی جس میں ایک نرس دکھائی گئی جو اپنے گھر کے حالات سے مجبور ہو کر رات کو دھندا کرتی ہے۔ اب وہ ایک انفرادی بات تھی جس کا اجتماعی طور پر نرس پیشہ عورتوں سے کوئی تعلق نہیں تھا۔ پر اس پر بھی ہنگامہ برپا ہو گیا۔ نرسوں نے آندولن چلایا اور ستیہ جیت رائے کو ان سے معافی مانگنی پڑی۔ میں پوچھتا ہوں کیا یہ عجیب بات

بات نہیں کہ ایک طرف لوگ 'مرزا غالب' اور 'سنسکار' جیسی فلموں کے خلاف مظاہرے کرتے ہیں اور دوسری طرف بھارت سرکار انھیں سال کی بہترین فلم قرار دیتی ہے۔ اس کے بنانے والے کو راشٹرپتی اپنے ہاتھوں سے سورن پدک اور مان پتر پیش کرتے ہیں۔

ساماجک فلم اپنے یہاں بنانے میں اپنے یہاں دیش کے حالات بہت آڑے آتے ہیں۔ مختلف گروہ، قومیں اور مقصد تو ایک طرف، خود سرکار بھی اس گناہ سے بری نہیں۔ مثال کے طور پر سرکار کی پالیسی اہنسا ہے۔ لیکن اس کو کیا کیجیے گا کہ کئی ہنسا استعمال کرنے والوں کو ہم نے اپنا رہنما مانا ہے، اُن کے سامنے سر جھکایا ہے اور اس کے سہرے گائے ہیں۔ میں شہید بھگت سنگھ کی مثال آپ کے سامنے رکھتا ہوں۔ شہید بھگت سنگھ اول اور آخر کرانتی کاری تھے، وہ من سے سوشلسٹ تھے اور ان کا نظریہ تھا کہ طاقت کے استعمال کے بنا برٹش سامراجیہ کا تختہ الٹنا ممکن نہیں ہے۔ اب آپ ان کے بارے میں فلم بنائیں تو ایک طرف ان کو ان کے ساتھی بھگوتی چرن ورما کی بیوی کو بار بار بھابی کہہ کر پوشیدہ سیکس کی طرف اشارہ کرنا پڑے گا اور دوسری طرف ان کے اسمبلی میں بم پھینکنے کے واقعے کو یا تو چھوڑ دینا ہوگا اور یا پھر اس کا بیان یوں کرنا ہوگا کہ وہ صرف سامراجیہ کو چونکانا چاہتے تھے۔ تبھی ایک اندرونی تضاد پیدا ہو جائے گا۔ کیا لاہور میں سپرنٹنڈنٹ پولس سانڈرس کی ہتیا بھی

انھوں نے انگریزوں کو چونکانے کے لیے کی تھی؟ اگر آپ اِن واقعات کو ایسے ہی دکھائیں گے جیسے کہ وہ واقع ہوئے تو آپ حملوں کا نشانہ بنیں گے، کیونکہ ملک میں کئی ایسے گروہ ہیں جو گولی بندوق پہ یقین رکھتے ہیں اور سرکار کی پالیسی ایسی ہے کہ وہ دھماکہ بھی برداشت نہیں کر سکتی۔ ورنہ ان کروڑوں نوجوانوں کا کیا ہوگا جو دن رات یونی ورسٹی کیمپس میں اودھم مچاتے رہتے ہیں۔

یہ تاریخ کو چڑانے والی بات ہوگی کہ ہم کہیں کہ ہندستان کو آزادی صرف اَہنسا کی پالیسی کی وجہ سے ملی۔ اس میں رائل نیوی کے ناوِکوں کا بھی ہاتھ تھا جنھوں نے گھٹیا قسم کے کھانے اور بدسلوکی کا بہانہ لے کر ہندستان کی آزادی کے لیے لڑائی لڑی، مخالفت کی اور بمبئی کی گلیوں میں انگریز کی گولیوں سے شہید ہوئے۔ جلیان والا باغ کے بیسیوں سال کے بعد اُودھم سنگھ نے لندن پہنچ کر مائیکل اُوڈائر کو گولی مار دی اور ہماری قومی بے عزتی کا بدلہ لیا۔ لیکن آپ اس سوشل اور تاریخی سچ کو مصیبت میں آئے بغیر نہیں دکھا سکتے۔ اس لیے کہ برطانیہ کے ساتھ ہمارے کامن ویلتھ تعلقات ہیں، جو موجودہ بین الاقوامی حالات کو دیکھتے ہوئے ہم کسی طرح نہیں بگاڑ سکتے۔ ہم حقیقت کی آنکھوں میں نہیں گھور سکتے۔

سوشل فلم بناتے وقت ہم ہر ہر قدم پر ایسے بیسیوں خطروں سے دوچار ہوتے ہیں۔ آپ قومی ایکتا پر فلم بنا رہے ہوں

تو آپ میں ہمت نہیں ہوگی کہ رانچی، بھیونڈی اور مالیگاؤں کے واقعات کو ان کی صحیح صورت میں پیش کر سکیں، کیونکہ ان میں ایک مذہب یا قوم کے لوگوں نے دوسرے پر وحشیانہ ظلم ڈھائے تھے۔ آپ ہندو مسلم فساد دکھاتے ہیں تو آپ کے لیے ضروری ہے کہ جہاں دو ہندو مرے ہوں وہاں ڈھ مسلمان مار کے دکھائیں۔ اس پر بھی نہ ہندوؤں کی تسلی ہوگی نہ مسلمانوں کی۔ دونوں آپ سے ناخوش، دونوں ناراض اور اس پر آپ کو سینسر سرٹیفکٹ لینے میں تکلیف ہوگی۔ تو یہ آپ طلبہ کے موجودہ ایجی ٹیشن کو بھی نہیں ٹٹول سکتے۔ ان کے دنگوں اور مخالفت تک پہنچنے کی کوشش نہیں کر سکتے۔ یونی ورسٹی کیمپس میں آج جو ہو رہا ہے، آخر ہے کیا؟ کیا صرف یہ بات ہے کہ آج کل نوجوانوں کا دماغ پھر گیا ہے؟ وہ اپنا اصل مقصد چھوڑ کر سنیاسی ہوتے جا رہے ہیں یا وہ مختلف سیاسی پارٹیوں کے ہتھکنڈوں کا شکار ہیں؟ آخر اس مار دھاڑ کی وجہ کیا ہے؟ یہ بھی تو گاندھی جی کو مانتے ہیں۔ پھر کیوں یہ لوگ ایکا ایکی اُٹھ کر مار کاٹ کرنے لگتے ہیں؟ ان باتوں کی تہ میں جانا اور ان کے بارے میں فلم بنانا مشکل ہی نہیں، ناممکن ہے۔ ایسا کریں گے تو کئی ہزاروں کے پاؤں پر آپ کے پاؤں پڑیں گے اور وہ سب ہیں بڑی پہنچ والے۔ اس لیے آپ صرف گول گول دال والی بات کیجیے۔ پانچ چھے گانے ڈال دیجیے۔ دو چار ناچ۔ ماں باپ، بیٹے بیٹوں کو بچپن ہی سے بچھڑوا دیجیے تاکہ بڑا بھائی جوان ہو کر پولیس انسپکٹر ہو جائے۔ انجانے ہی میں اپنے چھوٹے بھائی کو ملزم کے طور پر عدالت میں پیش کرے اور یہ بعد میں پتا

چلے کہ جج ان دونوں کا باپ تھا اور ماں جو بیٹے کے خلاف گواہی دے رہی ہے، اس کی بیوی تھی۔ پھر تو باپ کے لیے مشکل ہو جائے، ماں کے لیے مصیبت۔ نوجوانوں کے بارے میں فلم بنائیے تو صرف یہیں تک پہنچیے کہ بڑوں کا عشق عشق تھا اور چھوٹوں کی محبت بدنامی اور بدکاری۔ اُسے 'اُچیت' مت لکھیے کہ شری مد بھاگوت سے لے کر ان تک استری اور پُرشوں کے بیچ کیا کیا گردائیں ہوئیں۔ صرف اتنا ہی کافی ہے کہ چند مصیبتوں میں پڑے۔ بڑوں کے پاس کوئی دقت نہیں ہے۔ وہ انھیں سیاسی اور رہنما نہیں سمجھتے اور اگر سمجھتے ہیں تو اپنے ہی اُلٹے معنی پہناتے ہیں۔

اب آپ اس بدنام لفظ 'سیکس' پر آجائیے۔ ہمارا سماج یہ تو سہن کر سکتا ہے کہ لڑکا اور لڑکی ناچتے ہوئے ایک پیڑ کے گرد یا موٹر میں بیسیوں چھچھوری اور اخلاق سے گری ہوئی حرکتیں کریں، لیکن باغ میں جو پیار کرنے والے کا اپنی محبوبہ کو پہلا اُپہار ہے، وہ اُسے برداشت نہیں کر سکتے۔ ہم اپنی فلموں میں دو، تین، چار ریلیں صرف یہ ثابت کرنے کے لیے لیتے ہیں کہ راجو کو رادھا سے محبت تھی۔ لیکن نفسیاتی بات جو چند سیکنڈ میں ثابت ہو سکتی ہے، پورا معاشرہ اس کے خلاف ہے، ہمارا سماج اس بات کی اجازت نہیں دیتا۔ کھجوراہو، کونارک کے وارث یہ بات کہتے ہیں اور بار بار کہتے ہیں ـــ اصل مقصد تو یہ تھا کہ اِس عمل کو ڈھکے چھپے ڈھنگ سے پیش کیا جائے اور فلم جو کسی حد تک آرٹ بھی ہے، کمرشیل اور پیشہ وروں کے ہاتھوں سے نکلتی جائے۔ لیکن عام طور پر ایسا ہوتا ہے کہ چند مناظر کو فلمانے کی اجازت اچھے اور بڑے فلم سازوں کو یکساں نہیں ہے۔ یوں سنسر نے اپنے لیے گنجایش رکھی ہے کہ ہر فلم

اور اس میں ہونے والے واقعات کو بنانے والے کی نیت اور واقعے کی نوعیت میں دیکھا جائے گا۔ لیکن حقیقت میں ایسا نہیں ہوتا۔ ایک لمحے کے لیے مان بھی لیا جائے کہ سنسر کے چودھری بڑے دل والے ہیں، مگر ان کا کیا کیجیے گا جو پبلک کی سطح پر تصویر کو پاس کرنے کے سلسلے میں پہلے دیکھتے ہیں اور جن کا ادبی ذوق قابلِ غور ہے اور جو بار بار اس بات کا دعوا کرتے ہیں — "میں فلم نہیں لکھتا، نہ دیکھتا ہوں۔"

مثال کے طور پر میں ایک فلم بناتا ہوں جس کا بنیادی خیال ہے کہ بالغ ہوتے ہوئے بچے کو جنسی تعلیم دینی چاہیے اور اُسے اُن تمام خطروں سے آگاہ کرنا چاہیے جو پیدا ہو سکتے ہیں۔ اب صاف ہے کہ اگر میں لڑکے اور لڑکی کے سلسلے میں کوئی لغزش نہیں دکھاؤں گا تو ڈراما پیدا نہیں ہوگا اور دکھاؤں گا تو اس کا حل مجھے وہی پیش کرنا پڑے گا جو مقبول ہے اور وہ نہیں جو نفسیاتی ہے۔

حال ہی کی بات ہے، میں ایک فلم بنا رہا تھا، جو نفسیاتی تھی۔ ہوتا یہ ہے کہ ایک عورت کا شوہر کسی اور لڑکی کی وجہ سے گھر چھوڑ کر بھاگ جاتا ہے۔ اُس کے جانے کے بعد اس عورت کے ایک بچی پیدا ہوتی ہے۔ جوان ہو کر وہ شادی کرتی ہے، پر ماں بیٹی کے ساتھ یوں چپک جاتی ہے کہ داماد کے لیے سانس لینا مشکل ہو جاتا ہے۔ ایک دن ایسا آتا ہے کہ وہ اپنی بیٹی اور داماد کو ایک دوسرے کے بازوؤں میں دیکھ لیتی ہے اور ایک لمحے کے لیے اپنے آپ کو اپنی بیٹی کی جگہ پروجیکٹ کر دیتی ہے۔

انسان اپنے دماغ میں کئی بار ایسی ایسی باتیں سوچ لیتا ہے جو

سماجک اور اخلاقی نظریے سے قبول نہیں، لیکن یہ حقیقت ہے کہ وہ سمجھ لیتا ہے۔ چاہے اس کے بعد وہ اپنے آپ کو بہت بڑا پاپی اور گناہگار سمجھے۔ اس لیے ایسا ہی ہوتا ہے، سانس ایک لمحے کے لیے رک تو جاتی ہے، پر فوراً ہی چونک کر پیچھے ہٹ جاتی ہے اور احساسِ گناہ سے اُوت پردت مندر میں جاکر بھجن گانے لگتی ہے ــــ 'مورے تو گردھر گوپال دوجا نہیں کوئے'۔

اس سین کو فلمایا تھا کہ میری ہیروئن نے اس پر اعتراض کیا' "یہ کیسے ہوسکتا ہے!" میں نے کہا "ہوتا ہے میڈم۔ اور پھر جب میں یہ دکھلاتا ہوں کہ وہ ایک گنہگار ہونے کے جذبے سے شرمندہ ہوکر سیٹ سے چلی جاتی ہے تو پھر آپ کو کیا اعتراض ہے؟" میڈم نے وہ سین کر تو دیا' پر سوچتی رہی کہ اس پر پبلک سے جوتے پڑیں گے۔ میں نے اس پر بھی کہا کہ جوتے جو پڑیں گے' آپ مجھے بھیج دیجیے' میرے اپنے جوتے پرانے ہوگئے' بلکہ پھٹ چکے ہیں۔

سوشیل فلم بنانے والے کی حیثیت اس عورت کی طرح ہے جو غرارہ پہنے ہوئے کسی پارٹی میں گئی اور جب لوٹی تو برسات ہوچکی تھی اور گھر کے سامنے پانی ہی پانی تھا۔ اس کے مرد نے سروالٹر ریلے کی طرح راستے میں اینٹیں اور سلیں رکھ دیں اور وہ غرارے کو سنبھالتی ہوئی چلی۔ لیکن اُسے کیا معلوم تھا کہ ایک اینٹ ٹیڑھی رکھی ہوئی ہے۔ وہ دھپ سے پانی میں گری ــــ غرارے سمیت! سادہ دھانی اُسے لے ڈوبی۔

نا بابا۔ سماجک فلم بنانے میں بڑی جوکھم ہے۔ چاروں طرف سے آپ ننگے ہیں۔ یہی نہیں بلکہ بدن پر کھال بھی نہیں اور نمک کی کان سے

گزرنا پڑ رہا ہے۔

فلمیں سماجک اور دوسری کن حالات میں بنتی ہیں، اِس کا آپ کو اندازہ نہیں۔ نام کی ہمیں پوری آزادی ہے۔ مگر اس کے بعد جو مراحل پیش آتے ہیں اس عالم میں مجاز کا شعر یاد آجاتا ہے:

حدیں وہ کھینچ رکھی ہیں حرم کے پاسبانوں نے
کہ بن مجرم بنے پیغام بھی پہنچا نہیں سکتا

☆☆☆

بلّی کا بچّہ

کچھ نہیں۔ کوئی کام نہیں تھا، ایسے ہی چھیٹا کے باہر نکل گیا تھا۔
سرحد پر لڑائی کے کارن سب کاروبار سست ہو گئے تھے۔
زندگی میں جس ارتعاش کو ہم ڈھونڈا کرتے ہیں، وہ لڑنے کے لیے
محاذ پہ چلا گیا تھا اور جو بچ رہا تھا، روزانہ اخباروں میں سمٹ آیا تھا۔
بار بار پڑھے جانے کے باوجود جو آدھ پون گھنٹے میں ختم ہو جاتے تھے۔
... نوعمری میں ایسا ہوتا تھا۔ ایک مبہم سے احساس کے ساتھ
باہر نکل جاتے تھے — آج کچھ ہونے والا ہے!.... ہوتا ہوتا جب
بھی کچھ نہ تھا۔ چنانچہ آج بھی کچھ نہ ہوا، سوائے اس واقعے کے جس کے
بارے میں آپ کو بعد میں بتاؤں گا....

میرے ساتھ بے کاروں کی پوری پلاٹون تھی جیسے
کوئی فوجی دستہ دشمن کی نقل و حرکت بھانپنے کے لیے نکل جاتا ہے
اسی طرح ہم بھی نکل جاتے تھے اور اس اسٹوڈیو سے اُس

اسٹوڈیو تک گھومتے رہنے کے بعد شام کو برٹورنی پہنچ جاتے، جہاں تلے ہوئے نمکین کاجو کے ساتھ چائے یا کافی کی ایک آدھ پیالی پی لیتے اور پھر ایک دوسرے کی طرف دیکھنے لگتے — کون بل دینے کے لیے اپنی جیب میں ہاتھ ڈالتا ہے؟ تھوڑی دیر کے بعد، اپنی جیب کی بجائے، ہم ایک دوسرے کی جیب میں ہاتھ ڈالنے لگتے، جو ہوتے ہوتے گریبان تک پہنچ جاتے، آخر بل کون دیتا؟ — میں! بے کاری کا احساس جس کی ہڈیوں تک میں بس گیا تھا — باپ رے!

کوئی بے کاری سی بے کاری تھی؟

رات کو دیکھ کے دن یاد آیا

اس پہ برٹوری کی ہیریٹ کو تھینک یو بھی مجھے ہی کہنا پڑتا —

پھر کلیان، رشی اور ہمارا عیسائی دوست جسے ہم "جیگوار" کہا کرتے تھے، شکار کے لیے نکل جاتے، جسے وہ سیروسیاحت کہتے۔ یہ ماں کے مار کو پولو چین تھوڑے ہی جاتے؟ بس میرین ڈرائیو پہ پانچ کردو دوسو گرام گنڈیریاں چوستے، کچھ چھلکے یوں ہی وارڈ پہ پھینکتے اور کچھ سمندر میں اور لہروں کے ساتھ انھیں واپس آتے ہوئے دیکھتے۔ یعنی ان کی ہر چیز کچھ دور جا کر واپس آتی ہوئی دکھائی دیتی۔ پھر دھسکی کی بھولی بسری یاد میں یہ لوگ گیلی اور نمکین مونگ پھلی کھاتے۔ آخر بدمزہ ہو کر نریمان پوائنٹ پہ سولہ ملی میٹر کی پروپیگنڈا فلم دیکھنے لگتے، جس کو حکومت کسی اندیشے میں مفت دکھاتی۔ پھر گھبرا کر گھر لوٹ آتے، جہاں ان کی بیویاں ان سے دن بھر کی کارگزاری لفظ بہ لفظ سننے پہ اصرار کرتیں اور ان کے جھوٹ کو سچ اور سچ کو جھوٹ سمجھتیں۔ ایک حبس کے احساس

کے ساتھ ان کا جی پھر باہر بھاگ جانے کو چاہنے لگتا۔

درحقیقت ہم سب کا گھر باہر ہو رہا تھا اور باہر گھر۔ جب شہر کی طرف جاتے تو یوں معلوم ہوتا جیسے گھر لوٹ رہے ہیں اور گھر لوٹتے تو یوں لگتا جیسے باہر نکال دیے گئے۔ اس 'باہر' کی کھلی ہوا میں بیوی کے پھپھوندی لگ جاتی۔ ہاتھ لگاؤ تو ہاتھ پہ چلی آتی، جس سے گھبرا کے ہم اسے 'گھر' چلنے کا مشورہ دیتے لیکن وہ صاف جواب دے جاتی ـــــ 'گھر' میں خرچ ہوتا ہے۔ ہم یہیں 'باہر' اچھے ہیں۔

آج ہم پیرسین ڈیری جانے کے لیے نکلے تھے۔ اگر آپ بمبئی کے جغرافیے سے واقف نہ ہوں تو میں آپ کو بتا دوں ـــــ پیرسین ڈیری ایک ریستوران ہے جو بمبئی کی میک موہن لائن پہ واقع ہے۔ یعنی شہر کی سرحد وہاں ختم ہو جاتی ہے اور سمندر شروع ہوتا ہے۔ ڈیری کا لفظ تھوڑا مغالطے میں ڈالتا ہے کیونکہ وہاں گائے بھینس نہیں ہوتیں صرف کچھ موٹی عورتیں ہوتی ہیں، جن کے اسکرٹ اور ساریاں سمندر سے آنے والی تیز ہوا اڑاتی رہتی ہے اور جنھیں سنبھالے ہوئے ان کا معنوی حسن اور بڑھ جاتا ہے اور عشق کے مارے کولو اور موہوم امیدیں لیے سامنے بیٹھ کر سیدو پیا کرتے ہیں، جو سیب کے رس سے بنتا ہے اور جس کے لیبل پہ صاف لکھا ہے ـــ اس میں شراب نہیں ہے!... کولا سے گھبرا کر لوگ سیدو سیو پیتے ہیں اور سیدو سیو سے وحشت ہوتی ہے۔ تو کولا پہ لوٹ آتے ہیں جیسے پڑھے لکھے لوگ پالیٹکس سے گھبرا جاتے ہیں تو سیکس پہ چلے آتے ہیں اور جب سیکس سے وحشت ہونے لگتی ہے تو پھر پالیٹکس پہ لوٹ آتے ہیں اور جب دونوں بے کار ہو جائیں تو جیوک باکس میں ایک چونی ڈال کر اپنے مطلب کا ریکارڈ سننے لگتے ہیں۔

اپنا اپنا پیار کا سپنا

—— آخر باہر چل دیتے ہیں ——

کلیان کے پاس ایک پھٹیچر سی گاڑی تھی جس کی بیٹری ایک ادھیڑ عمر کی عورت کی طرح بات بات پہ ناراض ہو جاتی تھی اور بعض وقت تو کوئی بات بھی نہ ہوتی تھی اور یہ ڈاؤن! . . . ایک عجیب طرح کی کلائی میکٹرک دور آیا تھا۔ اُس پہ حیف دیف سب ختم ہو چکا تھا۔ اور وہ بے حد چڑچڑی ہو رہی تھی۔ سب کے سامنے اسے سڑک پہ دھکیلتے ہوئے ہم عجیب سے لگتے تھے۔ اس وقت وہ سب کمینے جنھوں نے ہماری طرف دیکھ کر کبھی سر بھی نہ ہلایا تھا، فوراً پہچان جاتے اور آواز دیتے ——" ہیلو شرماجی . . . !" اور میں جواب میں ان سے وہی سلوک کرتا جو پھٹیچر گاڑی سے پہلے وہ مجھ سے کرتے۔ ایسی خالی نگاہوں سے ان کی طرف دیکھتا کہ انھیں واقعی میں کوئی اور دکھائی دینے لگتا۔ اور وہ اس قدر گھبرا جاتے کہ پھر مجھے بھی وہ کوئی اور دکھائی دینے لگتے۔

ہم ابھی دادر ونسٹ روڈ پر سے گزر رہے تھے جبکہ مجھے یاد آیا پر ڈیوسر ڈھولکیا نے سویرے ایک لڑکے کی معرفت مجھے بلوا بھیجا تھا۔ امید ایکا ایکی، ہائیڈروجن بم کے مگر موتے کی طرح میرے حواس پہ چھا گئی۔ جذبات اور خیالات کا ایک دوسرے پہ سلسلہ وار عمل اور ردِ عمل ہونے لگا جبھی میں نے زور سے آواز دی ——" روکو کلیانی، گاڑی روکو!"

کلیانی نے حیران ہو کر میری ہنکار کو سُنا۔

رشی ہانپتے ہوئے بولا —" تو سمجھتا ہے پہلے چل رہی ہے ؟"

داس نے سر ہلا دیا۔ وہ دم لینے کا کوئی بھی بہانہ چاہتا تھا۔

اس لیے پرے چل کر فٹ پاتھ پر بیٹھ گیا۔ اگلے ہی لمحے وہ مُردے کی طرح مطمئن نظر آ رہا تھا۔

میں نے اپنے لہجے میں اور منت پیدا کی "یار میں بھول ہی گیا.. ڈھولکیا نے باوایا ہے... شاید"

"وہ سب نبڈل مارتا ہے" کلیان نے سر کو جھٹکا دیتے ہوئے کہا۔ "ہم اس کی پکچر کا فوٹو گرافی کیا ــ ایک دم انگلش! ... پھر کیا ہوا؟"

میں نے کلیان کو تسلی دیتے ہوئے کہا "سالا اس کا اپنا نوکس خراب ہے"

ڈھولکیا ایک آنکھ سے کانا تھا،

آپ تو جانتے ہیں۔ بے کار لوگ جتنی جلدی ناراض ہوتے ہیں، اس سے جلدی خوش بھی ہو جاتے ہیں۔ ہنستے ہوئے اس نے گاڑی کا وھیل دادر روڈ کی طرف گھما دیا۔ کچھ دیر میں ہم اسٹوڈیو کے سامنے تھے۔ کلیان نے باقیوں کو روک لیا اور مجھے اندر جانے کے لیے کہا۔ خود بونٹ اٹھا کر وہ گاڑی میں یوں دھنس گیا کہ باہر صرف دو ٹانگیں دکھائی دینے لگیں۔ معلوم ہوتا تھا کوئی بچہ الٹا پیدا ہو رہا ہے۔

میں چاہتا بھی نہ تھا جیگوار، رشی، داس اور کلیان میں سے کوئی میرے ساتھ اسٹوڈیو میں چلے۔ بعض وقت کسی کی ایسی بات بھی ماننا پڑ جاتی ہے جو آدمی ہر کسی کے سامنے نہیں مان سکتا۔ ادھر جب ہرکسی کی پکچر بیٹھ رہی تھی، ڈھولکیا صاحب کی چل نکلی اور اس نے جوبلی منائی۔ اب اسے قابل لوگوں کی ضرورت تھی۔ میں قابل نہ سہی لیکن اوسط درجہ کا آرٹسٹ ضرور تھا... نہیں

نہیں، مجھے میرے اسی انکسار نے مارا ہے، جو اس شو بزنس میں نہیں چلتا۔ خود اپنا ڈھول پیٹنا پڑتا ہے۔ آخر میرے مقابلے کا کریکٹر ایکٹر اور تھا کون؟ جرنلسٹ پاگل تو نہیں تھے جنھوں نے تصویر 'مہا ملن' میں ایوارڈ مجھے دلوایا تھا غالباً اسی بات سے مرعوب ہو کر ڈھولکیا نے مجھے بلوایا تھا۔ چونکہ وہ خود ڈھولکیا تھے۔ اس لیے ہر بات میں اپنا ڈھول پیٹنے کے ساتھ بیچ میں کہیں میرا بھی پیٹ ڈالا ہوگا۔

اسٹوڈیو میں پہنچا تو ڈھولکیا صاحب سامنے بیٹھے ہوئے مل گئے۔ وہ اس وقت ایک ایکسٹرا لڑکی کا اس کے سپلائر کے ساتھ جھگڑا چکا رہے تھے۔ مجھے آتا دیکھ کر لڑکی ایک طرف ہٹ کے کھڑی ہو گئی۔ ڈھولکیا صاحب ایسے ہی چونکنے ہو گئے۔ ایک خواہ مخواہ کا تناؤ پیدا ہو گیا۔ ایک تیز سی نظر سے سب نے ایک دوسرے کی طرف دیکھا۔ آنکھوں ہی آنکھوں میں کسی پنچ شیل پہ دستخط ہو گئے اور کومل وہاں سے سٹک گئی۔

ڈھولکیا صاحب مجھ سے باتیں کرنے لگے۔ اور میں ان کی باتوں کے بین السطور، اپنا مطلب ڈھونڈنے لگا۔ بات اتنی بڑھ گئی کہ میں بین السطور تو سب دکھائی دینے لگا، سطور گم ہو گئیں۔ آخر پتا چلا ڈھولکیا صاحب نے مجھے کلو کی وادی کے بارے میں معلومات فراہم کرنے کے لیے بلوایا ہے۔ جہاں وہ آؤٹ ڈور کے لیے جا رہے تھے۔

"کلّو کی وادی بہت خوبصورت ہے۔" میں نے کہا "کلّو" میں ناشپاتیاں ہوتی ہیں اور سیب ہوتے ہیں۔"

"اور کیا ہوتا ہے؟" ڈھولکیا صاحب نے پوچھا۔

"اور۔۔۔؟ میں نے کچھ سوچتے ہوئے کہا: "کلو میں سیب اور ناشپاتیاں ہوتی ہیں!"

— میں دراصل بھول گیا تھا۔ اس لیے نہیں کہ کلو گئے مجھے پندرہ بیس برس ہو گئے تھے بلکہ اس لیے کہ اس وقت دماغ پہ زور دینے کی کوئی وجہ نظر نہ آتی تھی۔ مجھے ڈھولکیا صاحب سے کوئی دلچسپی نہ رہی تھی۔ روئے زمین کے کسی آدمی سے کوئی دلچسپی نہ رہی تھی۔ اس پہ بھی میں کہہ رہا تھا اور "کلو میں پتھریلی زمین ہوتی ہے، جس میں کہیں سے ہریالی پھوٹ نکلتی ہے!"

ڈھولکیا کو میری ہریالی سے دلچسپی نہ تھی۔

میں نے انھیں بتایا "وہاں لگڑی — چاولوں کی شراب ہوتی ہے، جسے پی کر مرد اور عورتیں باہر— بازار میں نکل آتے ہیں!"

"پھر؟۔۔۔ پھر کیا ہوتا ہے؟"

"پھر مرد — عورت کے گلے میں بانہہ ڈال کر جھومنے لگتا ہے ساتھ اس کے گلے میں پڑے ہوئے چنبیلی کے ہار جھومنے لگتے ہیں۔ اور وہ بڑے عاشقانہ انداز سے اس کی نشیلی آنکھوں میں اپنی نشیلی آنکھیں ڈالتا ہوا کہتا ہے "تو میری جوئی — مطلب، بیوی!"

"مطلب — کسی عورت کے گلے میں بانہہ ڈال کر؟"

"اجی نہیں!" میں نے کہا: "اپنی بیوی کے۔۔۔!"

"او —" اور ڈھولکیا صاحب کچھ مایوس سے نظر آنے لگے۔ عام فلمی کہانی نے ان کے مذاق کو چوپٹ کر دیا تھا اور وہ نا تمام غیر منتج زندگی کے عادی ہو رہے تھے۔ میں نے کہا: "کلو کی لڑکیاں بے حد خوب صورت ہوتی ہیں۔ ڈھولکیا صاحب۔۔۔۔۔ ایک

سگریٹ ایک سیٹی ان کے لیے بہت ہوتے ہیں۔" اور پھر سوچتے ہوئے بولا: "یہ جب کی بات ہے، اب تو شاید پورے کارٹن کی ضرورت پڑے یا دس کے نوٹ "

ڈھولکیا صاحب نے سر ہلا دیا۔ میں سمجھ گیا۔ فلم میں یا لو لاکھ روپیا بھی کچھ نہیں ہوتا اور یا پھر ایک کھوٹا پیسا بھی بہت بڑی دولت ہوتا ہے۔ ڈھولکیا چونکہ تین تصویریں بنا رہے تھے، اس لیے خرچ ان کی بچت ہو گیا تھا۔ بولے "ہم کلو میں دسہرے کا سین لیں گے .... وہاں کی سولڑکیوں کے ساتھ ... لوکل ٹیلنٹ!"

اور پھر انھوں نے وہ آنکھ ماری جو پہلے ہی مری ہوئی تھی۔

تھوڑی دیر میں، میں اسٹوڈیو کے کمپاؤنڈ میں آ چکا تھا۔ اوپر دیکھا تو سر پہ آسمان ہی نہ تھا۔ کمپاؤنڈ میں ایک فوارہ تھا جس میں کبھی پانی نہ آیا تھا اور اس کے کارن اردگرد کی باڑ خشک ہو چکی تھی اور ہریالی کے بغیر اسٹوڈیو کا پورا منظر ایک کھنڈر ہو چکا تھا۔ کچھ دور جاکر میرے پیر جیسے اپنے آپ رک گئے اور میں لوٹ آیا۔ ڈھولکیا صاحب کے پاس پہنچتے ہوئے میں نے کہا "وہ — آزادی سے پہلے کی بات تھی ڈھولکیا صاحب! کہیں کوئی کام دلوائیے۔ کوئی چار چھ سین کا رول۔"

"میرے پاس کچھ نہیں ہے۔" ڈھولکیا بولے۔ "بیسیوں بار تمھیں بتا چکا ہوں۔"

"کچھ تو بچا ہوگا۔" میں نے یونہی امید کا دھوکا پیدا کرتے ہوئے کہا۔ "کچھ میرے حصے، میری تقدیر کا۔ آپ تو اَن داتا ہیں۔ رائٹر سے کہہ کے ایک آدھ رول بڑھوا دیجیے۔"

ڈھولکیا صاحب نے میری طرف یوں دیکھا جیسے کوئی بہت بری چیز کی طرف دیکھتا ہے اور سر ہلا دیا۔ اب وہ مجھے دھندلے دھندلے سے نظر آ رہے تھے۔ جب بھی میں بولتا گیا: "ہمارا کوئی رول نہیں؟..
... کہیں بھی — ہمارا کوئی رول نہیں؟"

ڈھولکیا صاحب نے ایک غیر یقینی انداز سے میری طرف دیکھا، اور پھر منہ پرے کر لیا۔ ان کا نچلا ہونٹ جو پان کی پیک سے سُرخ اور سیاہ ہو چکا تھا، لٹکا ہوا تھا، اور وہ چھوٹے سے ترمورتی نظر آ رہے تھے۔ اس وقت تو وہ تیسرا چہرہ تھے جس پہ قہر کے جذبات ہوتے ہیں۔ ایسے میں شیو جس کی طرف دیکھتے ہیں وہ فنا و برباد ہو جاتا ہے .... میں نے اِدھر اُدھر دیکھا، کوئی قریب نہ تھا، چنانچہ میں نے ان کے پیر پکڑ لیے اور بولا: "آپ جو بھی کہیں گے میں کروں گا ڈھولکیا صاحب..... میں سچ کہتا ہوں، میرے بیوی بچّے بھوکوں مر رہے ہیں — میں مر رہا ہوں۔"

اس پہ ڈھولکیا صاحب ہنس دیے۔ "مر جاؤ۔" وہ بولے: "دنیا میں سینکڑوں لوگ روز مرتے ہیں، ایک تم مر گئے تو کیا ہوگا۔"

"میں مر گیا تو..." میں نے اپنے آپ کو سوچتے ہوئے پایا...
"کچھ نہیں ہوگا۔"

جب تک کومل واپس آ چکی تھی، اور ڈھولکیا صاحب اس کا جھگڑا چکانے کے لیے اندر چلے گئے۔

میں باہر چلا آیا اور سوچنے لگا۔ ترمورتی کا ایک چہرہ وہ بھی تو ہے جس میں شیو بھگوان پوری کائنات پہ مسکراتے ہیں۔ جب پودے

کِھل اُٹھتے ہیں اور ان کے کاندھوں پہ چھوٹے چھوٹے۔ یو ہی ہوائیں دامن میں دونوں جہاں کی دولت لیے اٹھکیلیاں کرتی ہوئی چلتی ہیں۔ اور ان کے کاندھوں پہ چھوٹے چھوٹے بادلوں کی مٹکیاں ہوتی ہیں جن میں صحت کی شراب ہوتی ہے۔ جسے راستے میں آنے والے ہر چھوٹے بڑے کو پلاتی ہوئی وہ گزرتی جاتی ہیں اور اس وقت...... یہ کس کا کہنا ہے، میں مرجاؤں گا تو کیا ہوگا؟.... میں بتاتا ہوں کیا ہوگا۔ میری بیوی جو میری وجہ سے کسی کے سامنے سر نہیں جھکاتی پناہ کے لیے میرے بھائی کے پاس چلی جائے گی۔ اس کے گلے میں رسّی ہوگی اور منہ میں گھاس.... اور میری چھوٹی بھابی اس سے وہ سلوک کرے گی جو کوئی کھاج ماری کتیا سے کرتا ہے۔ میں خود اپنی بیوی سے بدسلوکی کرتا ہوں۔ بہت غصہ آئے تو کچھ کھینچ مارتا ہوں ـــــ میں جانور ہوں، لیکن ـــ میں اسے خود ماردوں گا۔ کاٹ ڈالوں گا۔ مگر کسی دوسرے کو اس کی طرف آنکھ بھی نہ اُٹھانے دوں گا.... اور میرے بچے ـــ ڈالی، چنوں ... ان کو بدن سے نکالتا ہوں تو میرا اپنا شریر گدرا جاتا ہے.... معلوم ہوتا ہے، وہ گوشت ہی گوشت ہے، ہڈی اس میں نام کو نہیں.... وہ مرجائیں گے گوشت بھی نہیں رہے گا، ہڈی بھی نہیں رہے گی.... نہیں میں مرجاؤں گا تو یہ سب میری آنکھوں کے سامنے تو نہ ہوگا..

پندرہ بیس گز کے فاصلے میں آدمی کتنا سوچ سکتا ہے، آپ کو اس کا اندازہ نہیں۔ میں نے سب پُرانے درشن شاستر اور آج کل کے نئے فلسفے سوچ ڈالے تھے۔ میں نے جیل کی دیواریں سوچ ڈالی تھیں، محلوں کے کنگرے سوچ ڈالے تھے۔

کسی نے گنگا میں ایک ڈبکی لگاتے ہوئے پوری زندگی جی ڈالی تھی، تو میں نے بھی اتنے عرصے میں ایک نہیں کئی زندگیاں جی لی تھیں۔ ایسی زندگیاں جن میں آدمی مرتا نہیں صرف شکل بدل لیتا ہے... پھر یہ موت سے ڈر کیسا تھا؟ میری بیوی... بچے... کسی دوسری شکل میں ان کی بھی شکل دوسری ہو گی!... نہیں میں انھیں انھی شکلوں میں دیکھنا چاہتا ہوں۔ مادۂ حیات اپنی ان گنت جمع تفریق میں کتنا ہی اپنے آپ کو دہرائے، کتنا ہی سر کو کیوں نہ پٹکے ایسی پیاری شکلیں پھر نہ بنا سکے گا۔ نہ ایسے ہنسی دیکھنے میں آئے گی نہ ایسی خوشی اور نہ ایسا رونا.... آخر رونا اور پھر رونے والے کو پچکارنے، دلاسا دینے میں بھی تو ایک مزا ہے... لیکن... کیا آدمی اتنا ہی کٹھور ہو گیا ہے؟ — کہیں کوئی مر جائے، اسے پروا نہیں کیونکہ اس کا حلوہ مانڈا، اس کے بوٹی کباب، شراب اور عورت بنے ہیں۔ میرے دو بچے ہیں۔ ڈالی بڑی لڑکی ہے تین سال کی اور جنوں سال سوا سال کا ہے — بیٹا... پنگورے میں پڑا، اونی سویٹر میں پھنسا ہوا وہ بالکل ایک بلی کا بچہ معلوم ہوتا ہے... میری بیوی اسے ڈالی سے زیادہ پیار کرتی ہے اس لیے کہ وہ مقابل کی جنس کا ہے — نر جو میری نسل کو آگے چلائے گا۔ یہ ٹھیک ہے۔ مگر میری نسل — ایک بے کار، بے ہودہ آدمی کی نسل... جنوں کو پیار کرتی ہوئی وہ آدھی پاگل ہو جاتی ہے۔ اسے نہلا دھلا کر لاتی ہے اور ایک نرم سے تولیے سے اس کا بدن پونچھتی ہے۔ وہ ہنستا روتا، مچلتا ہے اور میری بیوی اسے گدگدی کرتی ہے۔ ایسا کرنے میں اس کے اپنے گدگدی ہونے لگتی ہے۔ میں جو دیکھتا ہوں اس کی بھی گدگدی ہونے لگتی ہے۔ جیسے میری بیوی کی انگلیاں جنوں کے بدن

پہ نہیں، میرے بدن پہ ناچ رہی ہیں۔
تھوڑی ہی دیر میں ہم کیڈل روڈ پہ جا رہے تھے۔ جو لوگ بمبئی کے جغرافیے سے واقف ہیں، جانتے ہیں دادر سے پیرسین ڈیری جانے کے لیے نکلیں، تو کیڈل روڈ راستے پہ نہیں پڑتی۔ ایسے لوگوں کو میں بتا دوں، اگر کسی مرد کا نام کلیان ہو اور اس کی بیوی کا نام راجی... اور درشن نام کی کوئی لڑکی راستے میں آ پڑے، تو پھر کیڈل روڈ بھی پڑ سکتی ہے۔ درشن کلیان کی 'وہ' تھی اگرچہ کلیان بے کار تھا، پانچ بچوں کا باپ تھا۔ اس کی گاڑی کھٹارہ تھی، اس پہ بھی درشن کلیان کے لیے "وہ یہ سب کچھ اور جنت بھی" کا رتبہ رکھتی تھی اور ہم کلیان کو ہمیشہ اس بے راہ روی پہ ڈانٹا کرتے تھے۔ لیکن اس دن مجھے پتا چلا — سب ٹھیک ہے.... اگر وہ سب ٹھیک ہے تو یہ بھی ٹھیک ہے... کلیان ڈھولکیا کی طرح کا نہ تو ہول سیلر تھا اور نہ کسی کی مصیبت سے فائدہ اٹھانے والا... درشن تو ایسے ہی تھی، جیسے راہ جاتے کسی کے گھر میں لگے جھاڑ سے رات کی رانی کی خوشبو آ جائے .... انسان کہاں تک اپنی ناک بند کر کے چل سکتا ہے؟... وہ یہ سب کرنا چاہتا ہے اور پھر بیٹھ کر رونا، پچھتانا بھی... اگر وہ روئے پچھتائے نہیں تو ہمارے مندر، ہماری مسجدیں اور گرجے کہاں جائیں؟ کہاں جائیں اسکولوں کے ماسٹر اور قوموں کے راہنما؟.... بڑی بڑی نصیحتیں، لمبے چوڑے بھاشن اور گنجلک فلسفے؟... لیکن ہم ابھی درشن کے فلیٹ پہ پہنچے ہی کہاں تھے — سامنے کسی حادثے کی وجہ سے ٹریفک رک گئی تھی....

جہاں سے ٹریفک رُکنا شروع ہوئی تھی۔ وہاں کچھ دومنزلہ بسیں کھڑی تھیں۔ آخری بس کے پیچھے اوڈوایکسپریس لکھا تھا اور وہ سانتا کروز ڈپو جارہی تھی اس کے پیچھے کچھ کاریں وین اور ٹھیلے وغیرہ تھے جن میں سے لوگ لپک لپک کر موقع واردات پہ پہنچ رہے تھے کچھ لوگ گاڑیوں میں بیٹھے ہاں ہاں ہاں ہاں کر رہے تھے اور کچھ لوگ اِدھر اُدھر ہو کر نکل جانا چاہتے تھے۔ لیکن ایک گھٹی ہوئی لائن میں پھنس چکے تھے۔ اگر کوئی نکلتا بھی تو مخالف سمت سے آتی ہوئی گاڑیاں اسے جگہ نہ دیتیں۔

کیا ہوا؟ کون ماں کا لال تھا، جو آج بیچ سڑک کے پڑا تھا؟ آج کس کی بیماری کا انتظار صدیوں پہ پھیل گیا تھا؟... میرا دل ڈوبنے لگا۔

ہم تینوں چاروں گاڑی سے نکل کر لپکے۔ ڈھولکیا کے الفاظ میرے کانوں میں گونج رہے تھے۔ ایک تم مر گئے تو کیا ہوگا؟... کیا واقعی کچھ نہ ہوگا؟ یہ جو یہاں پڑا ہے اس کے مرنے پہ بھی کچھ نہ ہوگا؟ شاید انسان اتنا ہی سنگ دل ہوگیا ہے... جب ہی اس نے ایک دوسرے کو تہس نہس کرنے کے لیے اس قدر خوفناک ہتھیار ایجاد کرلیے ہیں۔ ایسی سنگ دلی اور بے رحمی کے بغیر جن کا استعمال ہی ممکن نہ تھا......

کیا اس بدقسمت کے لیے کوئی نہیں مرے گا؟... کوئی اپنا خون نہیں بہائے گا؟.... انسان کے لیے کوئی امید نہیں....

جب تک ہم موقع پہ پہنچ چکے تھے.... لوگ ہنس رہے تھے — یہ کیسے لوگ تھے؟

پھر کچھ اور قہقہے پڑے اور کسی کے پیچھے کی طرف بھاگنے کی

آواز آئی، جیگوار ہم سب سے لمبا تھا۔ بھیڑ کے پیچھے کھڑے ہو کر اس نے ایڑیاں اٹھائیں اور سڑک پہ دیکھا۔ اُف! صورت کیسی مسخ ہو چکی ہو گی، بس کے ساتھ ٹکرانے سے چیتھڑے اڑ چکے ہوں گے اور خون —— جبھی جیگوار اوٹا تو وہ بھی ہنس رہا تھا۔ میں بھاگ کر بس کی لینڈنگ پہ جا کھڑا ہو، جہاں سے میں نے دیکھا ——

وہ نظارہ میں زندگی بھر نہ بھولوں گا، جس کے دیکھنے کے بعد لوگوں کی زبان پہ قہقہے تھے اور میرے گلے میں آنسو، جن کے بھنور میں ڈھولکیا اور اس کی تماشش کے سب لوگ ڈوب گئے تھے اور جن سے انسان کی معصیت ڈھل گئی تھی —— ایک بلی کا بچہ بائیں حصہ پہ تقریباً سڑک کے بیچ بیٹھا ہوا تھا اور بس کے ڈرائیور کنڈکٹر اور دوسرے لوگ اسے ہٹانے، بھگانے کی کوشش کر رہے تھے۔ لیکن وہ اپنی جگہ پہ گل محمد ہو رہا تھا!

وہ بے حد خوبصورت تھا —— بلی کا بچہ! ... بمشکل سے دو مہینے کا ہو گا۔ اس کا رنگ سفید تھا جس پہ کہیں کہیں شہد بتی سے چھینٹے دکھائی دیتے تھے۔ آنکھوں پہ دو گہرے نارنجی سے داغ تھے جن میں سے اس کی پیلی چمکتی ہوئی آنکھیں اور بھی پیلی چمکیلی دکھائی دے رہی تھیں۔ معلوم ہوتا تھا کوئی عورت کچھ بنتی ہوئی ادھر سے نکلی ہے اور اس کے پرس یا ٹوکری میں سے اُون کا گولا سڑک پہ گر گیا ہے ....

ایک طرف اوٹو ایکسپریس تھی قریباً بارہ فٹ اونچی اور دوسری طرف وہ تھا۔ بلی کا بچہ! جو اپنے بے بضاعت وجود کے باعث مقابلے میں اور بھی بے بضاعت ہو گیا تھا۔ کنڈکٹر اسے بچانے، سڑک پر

سے ہٹانے کے لیے بڑھا تو وہ اسی پہ جھپٹ پڑا۔ اس بظاہر بے ضرر، اُون کے گولے میں نہ جانے کہاں سے تیز نوکیلے پنجے نکل آئے ہیں، جنھوں نے کنڈکٹر کے ہاتھ پہ خراشیں پیدا کر دیں اور ان میں سے خون کے باریک سے قطرے اُمڈنے لگے اس پہ بھی کنڈکٹر خفا نہیں، اُلٹا ہنس رہا تھا۔

"ہے نا سالا؟" وہ کہہ رہا تھا۔ "اسی کی جان بچانے کے لیے یہ سب کر رہے ہیں، اور یہی نہیں جانتا۔"

"کتنا ناشکرا ہے۔" ایک عورت نے کہا۔

اور وہ بدستور کھڑا ابھی تک کنڈکٹر کو گھور رہا تھا اور غرّانے کی نقل اُتار رہا تھا۔ جیسے کوئی چیلنج دے رہا ہو۔ "بیٹا پھر تو آؤ!" اور جب کنڈکٹر نے ہمت نہ کی تو وہ پھر تھوڑا پیچھے ہٹ کر وہیں بیٹھ گیا۔ اور گلاب کی پتی سی زبان نکال کر اپنی پیٹھ چاٹنے لگا۔

ڈرائیور نے کچھ بیزاری کے لہجے میں کنڈکٹر سے کہا۔ "کتنے لیٹ ہو گئے یار۔" گویا اس خوبصورت حادثے میں بچارے کنڈکٹر کا قصور تھا۔

بس کے بازو میں ایک ٹھیلے والا تھا۔ جس کے ٹھیلے پہ تیزاب کی بڑی بڑی بوتلیں پڑی تھیں۔ گویا ایک طرح کا بارود تھا۔ جو ذرا سی ٹھوکر لگنے پر پھٹ سکتا ہے۔ وہ اپنی گھبراہٹ میں پسینہ پسینہ ہو رہا تھا۔ بلّی کے بچے کے پاس پہنچتے ہوئے ٹھیلے والے نے دو ہاتھ اس کی طرف جوڑ دیے اور بولا۔

"اب اُٹھ جا میرے باپ.... بہت ہو گئی۔"

اسے آگے بڑھتے دیکھ کر بلّی کا بچہ پھر تننے لگا۔ بھیّا ذرا ڈر کر

پیچھے ہٹا تو بلّی کے بچّے نے ایک نہایت ہی لطیف مترنم سی آواز نکالی—
"میں آؤں؟"

اس پہ سب ہنس پڑے اور بس کا ڈرائیور بولا "ہاں حضور — آپ آئیے۔"

جب تک کچھ اور ٹریفک پیچھے رک گئی تھی اور ڈرائیور لوگ ہارن بجا رہے تھے۔

ایک مرسی ڈیز سے کوئی خوب رو نوجوان نکلا، اور لمبے لمبے ڈگ بھرتا ہوا منظر پہ چلا آیا۔ پہلے تو وہ بلّی کے بچے کی طرف دیکھ کر ٹھٹکا۔ پھر اس نے سب کو پیچھے دھکیل کر ایک ٹھڈے سے قصّہ ہی پاک کر دینا چاہا۔ جبھی لوگ لپکے —"ہے ہے، ہے ہے" کی آواز بلند ہوئی اور وہ خوش پوش نوجوان اپنے جامہ کو عملی جامہ نہ پہنا سکا —"کیا بکواس ہے وہ بولا- گیارہ بجے میرا جہاز اُڑ جاتا ہے"

لوگ اس کی طرف یوں دیکھ رہے تھے، جیسے اس کی روح بھی اُڑ جائے تو پرواہ نہیں۔ نوجوان نے غصے سے ہاتھ اپنی پتلون میں ٹھونس لیے اور پسپا ہو گیا۔ پھر اپنی اعصاب زدگی میں آگے- اور مجبور و مقہور لوٹ گیا۔ بکتا جھکتا ہوا —"یہ اسی ملک میں ہو سکتا ہے ... ایک بلّی کا بچّہ اتنے بڑے شہر کی ٹریفک روک سکتا ہے"

ایک نے مسخری کی —"پولیس کو بلوائیے صاحب"

نوجوان نے زور سے پیر زمین پر مارا اور بولا۔" میں ابھی ٹیلی فون کرتا ہوں — فائر بریگیڈ والوں کو"

اور سب ایک آواز میں ہنس دیے۔ جب ہی مجمع میں سے آوازیں آئیں "گیا گیا"۔

کسی کو خیال بھی نہ تھا، اس بات کا گمان بھی نہ تھا کہ اتنے بڑے مسئلے کا حل یوں ایک پل میں ہو جائے گا۔ بلی کا بچہ جیسے اپنے آپ کسی اندرونی ترغیب سے اُٹھا۔ بیچ میں سے کمر اوپر اٹھائی، دُم تانی جس کے سرے پہ شربتی رنگ کا ایک بڑا سا گچھا تھا۔ پھر اگلے پنجے آگے رکھے۔ پچھلے پیچھے اکڑا گلابی سا منہ کھول کر جمائی لی۔ ارد گرد کے پورے منظر کو کچھ تعلق اور کچھ بے تعلقی سے دیکھا اور ایک نہایت ہی سست رفتار میں سڑک کے دائیں طرف چل دیا۔

"گیا نرسی بھگوان سے" بس کے ڈرائیور نے کہا۔

"گیا..... گیا....." سب نے تالی بجائی اور ہنستے، کلکاریاں مارتے ہوئے اپنی اپنی گاڑی کی طرف لپکے۔ گاڑی کو راستے سے ہٹانے ہوا ہو جانے کے لیے۔ لیکن وہ ـــ بلی کا بچہ، بڑی تمکنت سے چلتا ہوا اب دائیں طرف تقریباً سڑک کے بیچ پھر دھرنا مار کر بیٹھ گیا۔ اب مخالف سمت کی ٹریفک رُکنا شروع ہوئی بائیں طرف سے نکل جانے کا کوئی راستہ نہ تھا۔

کوئی اس فضول سی زندگی کو روندتا ہوا نکلنا بھی چاہتا تو لوگ اسے روک دیتے اور وہ اپنے سامنے بے شمار زندگیوں کی ایک چٹان سی کھڑی پاتا۔ جن کے ہونٹوں پہ کف بھی ہوتا اور ہنسی بھی۔ پھر وہی منظر دُہرایا جانے لگا۔

عجیب نادر شاہی تھی ـــ بلی کے بچے کی، اور عجیب تخت طاؤس

تھا اس کا۔

بیٹھنا ہی تھا تو کہیں اور بیٹھتا۔ . . . اتنی جگہ تھی اس کے لیے۔ شاید بلّی کے بچے کا مطلب تھا، دھرتی کے اس حصّے پہ تمھارا حق ہے، تو میرا بھی ہے . . . .

—— میں اس پہ کھیلوں گا اور وہ کھیلنے لگا وہ تھوڑی سی جست بھرتا۔ اور کچھ خیالی چوہے پکڑ کر پھر وہیں آ بیٹھتا، اور سب کی طرف دیکھتے ہوئے کہتا —— تم تو دن رات اس پہ چلتے ہو۔ آج میں آ بیٹھا ہوں تو آفت آ گئی۔

تم تو بڑی بڑی مشینوں کے ساتھ دندناتے پھرتے ہو۔ میں چلتا ہوں تو آواز بھی نہیں ہوتی۔ شور روکنے کے لیے پیروں میں گدّے باندھ رکھے ہیں اور یہ ناخن تو صرف بچاؤ کے لیے ہیں ایک رول تمھارا ہے، ایک میرا!

معاملہ مذاق کی حد سے بڑھتا جا رہا تھا۔ جب ہی بھیڑ کے بیچ سے کسی بچّی کی آواز آئی۔ ”میرا سوموٗ“ . . . . اب جھلانے والے لوگوں کی تعداد بڑھ رہی تھی۔ ہو سکتا تھا کوئی اتنا امیر ہو گیا ہو، کہ اسے عام آدمی کے خیالات، بلّی کے بچّے کے جذبات کی ذرا بھی پروا نہ ہو، اس لیے جیگوار نے لپک کر بلّی کے بچّے کو کمر سے اُٹھا لیا۔ بجلی کی پھرتی کے ساتھ بڑے بڑے ناخن کسی نہ دکھائی دینے والی سے لپکے اور اگلے ہی لمحے جیگوار کی قمیص میں گڑے ہوئے تھے۔ لیکن جیگوار نے آمد و رفت کے لیے سڑک خالی کر دی تھی اور گاڑیاں چلنے لگی تھیں۔

اب جنگوار نفسٹ یا تھ پہ کھرڈا بلّی کے بچّے کے سر پہ ہاتھ پھیر رہا تھا۔ تھوڑی دیر میں اس جانور کے پنجے جیسے اپنے آپ اندر چلے گئے۔ خر خر کی آواز سی اس کے پورے بدن میں سنسنانے لگی۔

جب کلیان نے اپنی کھٹارہ گاڑی کا اسٹارٹر گھمایا تو بلّی کا بچّہ سامنے اپنی گلاب کی پتّی سی زبان سے پشت کو صاف کر رہا تھا۔ جبھی ایک جھٹکے کے ساتھ بچے نے سر اٹھایا۔ ایک جست لی اور نیچے آ رہا۔ اسے کوئی بو آ گئی تھی — مُنّی پڑوس کی ایک لڑکی مٹّی کی ٹھلیا میں دودھ لے آئی تھی جس میں منہ ڈال کر بلّی کا بچّہ پسٹر پسٹر دودھ پی رہا تھا

سچ! اگر میرے شہر کا ٹریفک رُک سکتا ہے تو.... تو....

☆☆☆

افسانوی تجربہ اور اظہار کے تخلیقی مسائل

میں معافی چاہوں گا کہ اس مضمون کو کھولنے کے لیے مجھے اپنی ذات میں سے ہو کر گزرنا پڑ رہا ہے۔ آپ اس لیے بھی درگزر کریں گے کہ اتنی بڑی مخلوق کی میں بھی اکائی ہوں ایک، اس لیے سب کو سمجھنے کے لیے میرے نزدیک یہ ضروری ہے کہ پہلے میں اپنے آپ کو سمجھ لوں۔

افسانوی تجربہ کیا ہے؟ مجھے افسانہ سازی کی لت کیسے پڑی؟ اگر یہ مجھے اور میرے کچھ دوستوں کو پڑی، تو باقی دوسروں کو کیوں نہیں پڑی؟ کیوں نہیں میں کسی فرنانڈس کی طرح گرجے کے سامنے بیٹھا موم بتیاں بیچتا؟

فن کسی شخص میں سوتے کی طرح سے نہیں پھوٹ نکلتا۔ ایسا نہیں کہ آج رات آپ سوئیں گے اور صبح فن کار ہو کر جاگیں گے۔ یہ نہیں کہا جا سکتا کہ فلاں آدمی پیدائشی طور پر فن کار ہے، لیکن یہ ضرور

کہا جا سکتا ہے کہ اس میں صلاحیتیں ہیں، جن کا ہونا بہت ضروری ہے۔ چاہے وہ اسے جبلت میں ملیں اور یا وہ ریاضت سے اُن کا اکتساب کرے۔ پہلی صلاحیت تو یہ کہ وہ ہر بات کو دوسروں کے مقابلے میں زیادہ محسوس کرتا ہو، جس کے لیے ایک طرف تو وہ داد وتحسین پائے اور دوسری طرف ایسے دُکھ اٹھائے جیسے کہ اُس کے بدن پر سے کھال کھینچ لی گئی ہو اور اسے نمک کی کان سے گزرنا پڑ رہا ہو۔ دوسری صلاحیت یہ کہ اس کے کام و دہن اُس چرند کی طرح سے ہوں جو مُنہ چلانے میں خوراک کو ریت اور مٹی سے الگ کر سکے۔ پھر یہ خیال اس کے دل کے کسی کونے میں نہ آئے کہ گھا سلیٹ یا بجلی کا زیادہ خرچ ہو گیا، یا کاغذ کے ریم کے ریم ضائع ہو گئے۔ وہ جانتا ہو کہ قدرت کے کسی بنیادی قانون کے تحت کوئی چیز ضائع نہیں ہوتی۔ پھر وہ ڈھیٹ ایسا ہو کہ نقشِ ثانی کو ہمیشہ نقشِ اول پر ترجیح دے سکے۔ پھر اپنے فن سے پرے کی باتوں پہ کان دے۔ مثلاً موسیقی، اور جان پائے کہ استاد آج کیوں سُر کی تلاش میں بہت ہی دور نکل گیا ہے۔ مصوری کے لیے نگاہ رکھے اور سمجھے کہ وِشی واشی میں خطوط کیسی رعنائی اور توانائی سے اُبھرے ہیں۔ اگر یہ ساری صلاحیتیں اس میں ہوں تو آخر میں ایک معمولی سی بات رہ جاتی ہے اور وہ یہ کہ جس اڈیٹر نے اس کا افسانہ واپس کر دیا ہے، نا اہل ہے!

اس کے بعد کوئی بھی چیز افسانے کے عمل کو چھیڑ (TRIGGER OFF) سکتی ہے مثلاً کوئی راہ جاتا اس کی پگڑی اُچھال دے یا کوئی ایسا حادثہ پیش آجائے، جس پہ اس غریب کا کوئی بس نہ ہو

اور جو اسے بے سلامتی کا شکار کر دے اور وہ اپنے دل میں ٹھان لے کہ مجھے اس بے تعاون، بے رحم دنیا میں کہیں جگہ پانا ہے، کچھ بن کے دکھانا ہے۔ یہ حقیقت ہے کہ جب تک آدمی خطرے سے دوچار نہیں ہوتا اس میں مدافعت کی وہ قوتیں نہیں اُبھرتیں، قدرت کے پاس جن کا بہت بڑا خزانہ ہے۔

نوعمری میں یہ سب باتیں میرے ساتھ ہوئیں اور مجھے یقین ہے کہ تھوڑے یا زیادہ فرق کے ساتھ دوسرے فن کاروں پر بھی بیتی ہوں گی۔ اکثر لوگوں کو حادثے پیش آتے ہیں اور وہ گوناگوں مصیبتوں کا شکار ہوتے ہیں، لیکن یہ محض اتفاق کی بات ہے کہ وہ فن کے راستے سے گزرنے کی بجائے کسی اور طرف مڑ لیے۔ صدر ہر جا کہ نشیند، صدر است۔ انھوں نے یا تو اپنے مخصوص کام میں جھنڈے گاڑے اور یا تھک ہار کر جنت کو سدھارے۔ گویا بے عزتی اور پے در پے حادثوں کے بعد کچھ کرنے، بن کر دکھانے کے سلسلے میں اپنے ملک کے ہر اُردو داں نوجوان کی طرح غزل کہنے کی کوشش کی، لیکن کسی نتیجے پر نہ پہنچ سکا۔ کیوں کہ چھوٹی عمر ہی میں میری شادی ہو گئی تھی۔ . . . آپ میری بات سمجھیے — کوئی معشوق میرے سامنے تھا ہی نہیں۔ اگر تھا تو مجھے بچہ سمجھ کر ٹال جاتا تھا۔ اگر وہ رُکے تو میری بیوی جوتا پکڑ کر اسے ہنکال دیتی تھی۔ میں نے تو یہ پڑھ رکھا تھا کہ عشق پہلے معشوق کے دل میں پیدا ہوتا ہے، اس لیے میں چپکے سے بیٹھا اس کا انتظار کرتا رہا اور کرتا ہی رہ گیا۔ میں نے ہجر و وصال، وفا و بے وفائی، رقیب و محتسب کے مضمون شاعروں کے تتبع میں

باندھے، مگر وہ سب مجھے جھوٹے اور کھوکھلے لگتے تھے۔ میں نے دیکھا کہ محتسب تو میں خود ہوں۔ رقیبِ روسیاہ کی کیا مجال جو فرسنگ بھی میرے گھر کے پاس پھٹکے۔ یہ تو شادی کے اَن لکھے معاہدے کی دوسری مد ہے، جس کی رو سے اگر رقیب کو قتل نہیں کیا جاسکتا، حوالات تو بھجوایا جاسکتا ہے۔ بہت کم لوگ ہیں جو فیضؔ کی طرح رقیب کے ساتھ رشتہ پیدا کرسکتے ہیں اور اس کے افادی پہلو سے واقف ہیں۔ گویا زندگی جو بھی تعلیم مروّجہ شعر کے سلسلے میں دیتی تھی، میں اس میں کورا ہی رہا۔ اس کے برعکس میڈم زندگی نے تلافیِ مافات میں مجھے دوسرے مسئلے دے دیے۔ مثلاً خانہ داری کے مسئلے، روزگار کے مسئلے جو کسی طرح بھی عشق کے مسائل سے کم نہ تھے۔ حالات نے ایسا جمود پیدا کردیا اور بدن میں ایسی کپکپی کہ لوہیر کے لنڈے بازار سے خریدا ہوا، مرا نچا مرا اینڈ کو کا پُرانا، پھٹا ہوا گرم کوٹ بھی مجھے نہ بچا سکا۔

بس، بہت ہولی۔ اب میں اپنی بات بند کرتا ہوں، کیوں کہ گرم کوٹ کے بعد میرے ساتھ کیا ہوا اور کیا نہ ہوا، یہ کچھ لوگ جانتے ہیں۔ بلکہ کیا نہیں ہوا کے بارے میں انھیں مجھ سے زیادہ واقفیت ہے۔

افسانے اور شعر میں کوئی فرق نہیں ہے، تو صرف اتنا کہ شعر چھوٹی بحر میں ہوتا ہے اور افسانہ ایک ایسی لمبی اور مسلسل بحر میں جو افسانے کے شروع سے لے کر آخر تک چلتی ہے۔ مبتدی اس بات کو نہیں جانتا اور افسانے کو بحیثیت فن، شعر سے زیادہ سہل سمجھتا ہے۔ پھر شعر، بالخصوص غزل میں آپ عورت سے مخاطب ہیں، لیکن افسانے

یں کوئی ایسی قباحت نہیں۔ آپ مرد سے بات کر رہے ہیں، اس لیے زبان کا اتنا رکھ رکھاو نہیں۔ غزل کا شعر کسی کھُردرے پن کا متحمل نہیں ہو سکتا، لیکن افسانہ ہو سکتا ہے۔ بلکہ نثری نژاد ہونے کی وجہ سے اس میں کھُردراپن ہونا ہی چاہیے، جس سے وہ شعر سے ممیز ہو سکے۔ دنیا میں حسین عورت کے لیے جگہ ہے تو اکھڑ مرد کے لیے بھی ہے، جو اپنے اکھڑپنا ہی کی وجہ سے صنفِ نازک کو مرغوب ہے۔ فیصلہ اگرچہ عورت پہ نہیں، مگر وہ بھی کسی ایسے مرد کو پسند نہیں کرتی جو نقل میں بھی اس کی چال چلے۔ ہمارے نقادوں نے افسانے کو داد بھی دی تو نظم کے راستے سے ہو کر، نسق کی راہ سے نہیں۔ جس سے اچھے اچھے افسانہ نگاروں کی ریل پٹری سے اُتر گئی اور جو نہیں اُتری تھی تو ایسی توصیف سے متاثر ہو کر انھوں نے خود، اپنے ہاتھوں سے اپنی لائن کے نٹ بولٹ ڈھیلے کر لیے۔

یہ طے بات ہے کہ افسانے کا فن زیادہ ریاضت اور ڈسپلن مانگتا ہے۔ آخر اتنی لمبی اور مسلسل بحر سے نبرد آزما ہونے کے لیے بہت سی صلاحیتیں اور قوتیں تو چاہییں ہی۔ باقی اصنافِ ادب، جن میں ناول بھی شامل ہے، اُن کی طرف جزواً جزواً توجہ دی جا سکتی ہے، لیکن افسانے میں جز و کل کو ایک ساتھ رکھ کر آگے بڑھنا پڑتا ہے۔ اس کا ہراوّل، متداول اور آخری دستہ مل کر نہ بڑھیں تو یہ جنگ جیتی نہیں جا سکتی۔ شروع سے لے کر آخر تک لکھ لینے کے بعد پھر آپ ایک لفظ بڑھانے یا دو فقرے کاٹ دینے ہی کے لیے لوٹ سکتے ہیں۔ ایزاد و اضافے کی یہ نسبت میں نے

بے خیالی میں قائم نہیں کی، کیوں کہ یہ حقیقت ہے کہ افسانے میں ایزاد اضافے سے زیادہ ضروری ہے۔ آپ کو ان چیزوں کو قلم زد کرنا ہی ہوگا، جو بجائے خود خوبصورت ہوں اور مجموعی تاثر کو زائل کردیں اور یا مرکزی خیال سے پرے لے جائیں۔

اب میں ایک چونکا دینے والی بات کرنے جا رہا ہوں اور وہ یہ ہے کہ اُردو زبان نے ابھی اتنی ترقی نہیں کی ہے کہ افسانے کے سے فنِ لطیف کو اس طریقے سے سمجھ سکے یا قبول کر سکے، جیسے سمجھنا یا قبول کرنا چاہیے۔ میری اس بات کو سمجھنے کے لیے آپ پیچھے مڑ کر دیکھیے کہ ہر آن آپ نے ڈکشن پہ کچھ زیادہ ہی زور دیا ہے۔ اس عمل کا گراف بنایا جائے تو وہ میرؔ، انیسؔ اور غالبؔ کے بعد داغؔ تک نیچے ہی آتا ہوا دکھائی دے گا۔ معلوم ہوتا ہے، ہم نے 'فسانۂ آزاد' کو افسانہ یا ناول ہی سمجھ کر پڑھا۔ ہم نے اس کا مقابلہ —— (VANITY FAIR) سے کیا ہے۔ ہم نے آغا حشر کو ہندستانی شیکسپیر بھی کہا ہے، جس سے پتا چلتا ہے کہ ہم نے دونوں میں سے کسی ایک کو نہیں پڑھا اور اگر پڑھا تو فرق کو نہیں سمجھا۔ یہی وجہ ہے کہ پونا فلم اور ٹیلی وژن انسٹی ٹیوٹ میں ممتحن کی حیثیت سے جب میں نے ایک امیدوار سے سوال کیا — آپ کو کون سے مصنف پسند ہیں تو اُس نے آنکھ جھپکے بغیر جواب دیا — "مجھے تو دو ہی مصنف پسند ہیں سرا گلشن نندہ اور شیکسپیر!"

کبھی ہمایوںؔ اور ادبی دنیا، دونوں رسالے نیاز محمود اور عاشق بٹالوی کی توصیف میں کالے تھے۔ اور آج ہم ہی افسانے کی تاریخ میں ان

بے چاروں کا ذکر تک نہیں کرتے۔ ہم نے افسانے میں زورِ بیان کو اس قدر سراہا ہے کہ ادب تو ایک طرف، خود ادیب کو نقصان پہنچایا ہے۔ افسانے میں اظہار کے تخلیقی مسائل میں سب سے بڑا مسئلہ گریز کا ہے۔ لیکن ہمارے شغب آشنا کان گریز کو عجزِ بیان کا نام دیتے ہیں۔ ہم ابھی تک داستان گوئی، فلسفہ رانی اور تاریخی واقعات کو آج یا کل کے کرداروں کی معرفت پیش کر دیے جانے پر سر دُھنتے ہیں۔ سر دھننے سے مجھے کچھ وہ نہیں ہے۔ کیوں کہ وہ تو ہم کچھ بھی کر کے دُھنیں گے ہی کہ وہ ہماری عادت ثانیہ ہو چکی ہے۔ مگر تکلیف اس وقت ہوتی ہے، جب ہم خطیب، مورخ اور فلسفہ بردار کو ہی افسانہ نگار کا نام دیتے ہیں۔

افسانہ کوئی سودیشی (INDIGENOUS) شے نہیں۔ ہم نے جاتک کہانیاں لکھیں۔ کتھا سرت ساگر لکھی اور ہم سے لوگ انھیں مغرب لے گئے۔ جہاں انھوں نے کہانی کو فن بنا دیا۔ ہیئت میں بے شمار تجربے کیے، جن سے استفادہ کرنے میں ہمیں کوئی عار نہیں ہے۔ افسانے کے فن کو چھوڑیے، کسی بھی فن کو جانچنے پرکھنے کے لیے عالمی پیمانے پر اسے جاننے اور سمجھنے کی ضرورت ہے۔ یہاں کوئی علاحدگی (ISOLATION) نہیں ہے۔ ملکوں اور قوموں کی حدیں نہیں ہیں۔ بہ شرطے کہ آپ منٹو کو موپساں اور مجھے چیخوف کے نام سے نہ پکارنے لگیں۔ حالانکہ یہ ممکن ہے میں خود کو کاواباٹا کہلوانا پسند کروں۔ آپ کو کیسا لگے گا اگر میں کہوں کہ رام لال اور جوگندر پال ہندستان کے ہینرش بوہل ہیں اور قرۃ العین حیدر ہان سویان:

مجھے اس پر بھی اعتراض نہیں ہے، بہ شرطے کہ ہان سویان کے ہم وطن اُسے اپنے دیس کی قرۃ العین حیدر کہیں۔

عجیب دھاندلی ہے نا۔ معلوم ہوتا ہے اردو اسم بامسمّا ہوتی جارہی ہے۔ ہنیرشش بوہل کا ایک کردار جورج ہے کہتا ہے:

"... ایسے مقدمے میں انصاف قسم کی کوئی چیز ہی نہیں، کیوں کہ ملزم اس کا تقاضا ہی نہیں کرتے۔ یہ ایک ایسی آمریت ہے، جس میں انفرادی اظہار اور خلاقی سہوِ زمانی (ANACHRONISTIC) بات ہے..!"

مذکورہ ریاضت اور عالمی پیمانے پہ گرد و پیش کی آگہی کے بعد ہی افسانے پر عبور حاصل ہوتا ہے اور جب یہ بات ہوجاتی ہے تو افسانہ لکھنے والے کے اضطرار (REFLEXES) کا حصہ ہوجاتا ہے۔ نہ صرف آپ کی بے ارادہ بات سے افسانے کا مواد مل سکتا ہے، بلکہ ہر موڑ، ہر نکڑ پہ افسانے بکھرے ہوئے دکھائی دیتے ہیں، اور وہ تعداد میں اتنے ہیں کہ انھیں سمیٹتے ہوئے افسانہ نگار کے ہاتھ قلم ہو جائیں۔

بہ ہر حال افسانوی تجربے پر عبور حاصل ہوجانے کے بعد افسانہ نگار کو یونان کے اساطیری کردار می ڈاس کا وہ لمس مل جاتا ہے، جس سے ہر بات سونا ہو جاتی ہے۔ فرق صرف اتنا ہے کہ ہندستان کا افسانہ نگار سونے کو بھی چھوتا ہے تو وہ افسانہ ہوجاتا ہے۔

گھبراہٹ کی بات اس لیے نہیں کہ اتنا سونا پاکر می ڈاس بھی بھوکا مرا تھا۔

افسانہ لکھنے کے عمل میں بھولنا اور یاد رکھنا دونوں عمل

ایک ساتھ چلتے ہیں۔ غالباً یہی وجہ ہے کہ بڑی بڑی ڈگریوں والے — پی۔ ایچ۔ ڈی اور ڈی۔ لٹ۔ اچھا افسانہ نہیں لکھ سکتے۔ کیوں کہ انھیں بھول نہ سکنے کی بیماری ہے۔ میں ایک دماغی تساہل کی طرف اشارہ کرتا ہوں، جیسے منٹو نے میرے نام ایک خط میں لکھا "بیدی! تمھاری مصیبت یہ ہے کہ تم سوچتے بہت زیادہ ہو۔ معلوم ہوتا ہے کہ لکھنے سے پہلے سوچتے ہو، لکھتے ہوئے سوچتے ہو اور لکھنے کے بعد بھی سوچتے ہو۔" میں سمجھ گیا کہ منٹو کا مطلب ہے — میری کہانیوں میں کہانی کم اور مزدوری زیادہ ہے۔ مگر میں کیا کرتا؛ ایک طرف مجھے فن اور دوسری طرف زبان سے لوہا لینا تھا۔ اہل زبان اس قدر بے مروّت نکلے کہ انھوں نے اقبال کا بھی لحاظ نہ کیا۔ کسی سے پوچھا آپ اقبال سے ملے تو کیا بات ہوئی — بولے، کچھ نہیں میں 'جی ہاں، جی ہاں،' کہتا رہا اور وہ 'ہاں جی، ہاں جی،' کہتے رہے۔ اب حالات میں نسبتاً آسانی ہے کیوں کہ سند کے لیے ہمیں کہیں دور نہیں جانا ہے۔ پرسوں ہی ڈاکٹر نارنگ مجھ سے کہہ رہے تھے کہ پاکستان میں ایک تحریک چلی ہے جو شوکت صدیقی اور قرۃ العین حیدر کی پورب سے آئی ہوئی زبان کو ٹکسالی نہیں مانتی۔ بہ ہر حال میں نے منٹو کی تنقید سے فائدہ اٹھایا اور دھیرے دھیرے اپنی کہانی سے ہاتھ کو مار بھگایا لیکن اس کا کیا کروں کہ وہ اِدھر اُدھر سے ہو کر پھر رونما ہو جاتا ہے۔ وہ بے ادائی کی ادا جس کی طرف منٹو نے اشارہ کیا میر کے الفاظ میں خاک ہی میں مِل کر میسّر آتی ہے۔ لیکن یہی بے ادائی اور قلم برداشتگی جہاں منٹو اور کرشن چندر میں مزا پیدا کرتی تھی

وہیں بدمزگی بھی۔ منٹو کی تنقید کی وجہ سے میری حالت عورت کی سی تھی جو مقبوض اور تاراج بھی ہونا چاہتی ہے اور پھر اس کا بدلہ لینا بھی۔ جب میں نے منٹو کے کچھ افسانوں میں لاأبالی پن دیکھا تو انھیں لکھا — منٹو، تم میں ایک بڑی بات ہے اور وہ یہ کہ تم لکھنے سے پہلے سوچتے ہو اور نہ لکھتے وقت سوچتے ہو اور نہ لکھنے کے بعد سوچتے ہو۔

اس کے بعد منٹو اور مجھ میں خط و کتابت بند ہوگئی۔ بعد میں پتا چلا کہ انھوں نے میری تنقید کا اتنا برا نہیں مانا، جتنا اس بات کا کہ میں لکھوں گا خاک، جب کہ شادی سے پرے مجھے کسی بات کا تجربہ ہی نہیں۔ اس پہ طرفہ، میں نہ صرف بھینس کا دودھ پیتا ہوں بلکہ اسے پال بھی رکھا ہے۔ میں انھیں کیسے بتاتا کہ اگر اونٹ کا رشتہ مسلمان سے ہے، گائے کا ہندو سے، تو سکھ کا بھی کسی سے ہو سکتا ہے۔

افسانہ ایک شعور/ایک احساس ہے، جو کسی میں پیدا نہیں کیا جا سکتا — اسے محنت سے حاصل تو کیا جا سکتا ہے لیکن حاصل کرنے کے بعد بھی آدمی دست بہ دعا ہی رہتا ہے۔ کچھ وافر باتیں سوءِ ہضم کی وجہ سے بھی اس میں آجاتی ہیں اور کچھ کسی اور ذہنی فتور سے تسکین کی بات صرف اتنی ہے کہ افسانہ ابھی ہمارے ہاتھ سے نکل کر اڈیٹر کے ہاتھ نہیں پہنچا۔ ہم اس میں ایزاد و اضافہ کر سکتے ہیں اور اس پر بات نہ بنے تو پھاڑ کر پھینک سکتے ہیں۔ اگر ہیمنگ وے پانچ سو صفحے لکھ کر ان میں سے صرف چھیانوے صفحے کا مواد نکال سکتا ہے، تو ہم ایسا

کیوں نہیں کر سکتے؟

اُردو میں بہت عمدہ افسانے لکھے گئے ہیں۔ اگر اُن کی تعداد گنی چنی ہے تو اس کی یہی وجہ ہے کہ اپنے اور دوسروں کے تقاضے پورے کرنے میں ہم یہ نہیں دیکھتے کہ ایمان ہاتھ سے جا رہا ہے۔ یہ نہیں جانتے کہ ہم اپنے ہی امیج کے قیدی ہو کر رہ گئے ہیں۔

☆☆☆

چلتے پھرتے چہرے

اس وقت میں صرف ایک ہی چہرے کی بات کر رہا ہوں جو بہت "چلتا پھرتا ہے"..... اور وہ چہرہ آج کل کے عام نوجوانوں کا ہے.... چنانچہ میرے بیٹے کا بھی۔

اپنے بیٹے کا چہرہ دکھانے کی کوشش میں، اگر کہیں بیچ میں آپ کو میرا چہرہ بھی دکھائی دینے لگے تو بُرا مت مانیے گا۔ کیونکہ میں آخر اسی کا باپ ہوں، اپنے بیٹے پر ہی گیا ہوں۔ چنانچہ جو کچھ بھی آپ کو میرے بیٹے کے خلاف لکھا ہوا معلوم ہوگا وہ دراصل میرے اپنے ہی خلاف ہوگا۔ کیونکہ اسے اس دنیا میں لانے کے علاوہ اس کی جسمانی اور ذہنی تربیت کا ذمہ دار میں ہوں۔ البتہ جو اس کے حق میں کہوں گا، وہ میرے بیٹے کی اپنی لیاقت ہوگی۔ جس میں میرا رتی بھر بھی قصور نہیں۔

میرے بیٹے کا قد لمبا ہے اور رنگ کسی قدر کھلتا ہوا حالانکہ

میرا قد چھوٹا ہے، اور رنگ بھی پکا۔ اس کی وجہ غالباً میری بیوی ہے جس کے میکے میں سب لوگ لمبے قد کے ہیں اور رنگ کے گورے۔ میاں بیوی کے ملاپ سے جو نتیجہ نکلتا ہے اس سے کھٹکا ہی لگا رہتا ہے۔ نہ معلوم کیا چیز نکل آئے؟ مثلاً ایکٹرس ہیلن ٹیری نے جارج برنارڈ شا کو لکھا تھا۔ "ہم دونوں کا ملاپ ہو جائے تو اولاد کتنی اچھی ہو؟" جس پر برنارڈ شا نے جواب دیا تھا۔ "مادام بدقسمتی سے اگر بچہ کو شکل میری مل گئی اور عقل آپ کی تو ۔۔۔۔؟" شا کو تو آپ جانتے ہی ہیں۔ اس لیے اگر آپ کو ان کا یہ لطیفہ پٹا ہوا معلوم ہو تو اندازہ کیجیے۔ اگر بچے کو شکل ہیلن کی اور عقل شا کی مل جاتی تو؟

میرا بیٹا بہت دُبلا ہے۔ مجھے یہی کھٹکا لگا رہتا ہے کہ وہ کسی جیٹ ہوائی جہاز کے بہت ہی قریب نہ چلا جائے یا کوئی میرے بیٹے کے بہت ہی قریب منہ کر کے پھونک نہ مار دے۔ اس کے مہین سے چہرے پر موٹی سی ناک رکھی ہے۔ جو اس بات کے انتظار میں رہتی ہے کہ چہرے کے باقی خد و خال بھی بھر جائیں تاکہ وہ خود معقول معلوم ہو اور بات بات پر اسے لال نہ ہونا پڑے۔ اس وقت میرے بیٹے کے ناک کے نتھنے یونان سے ہندستان تک بھاگ کر آئے ہوئے سکندر کے گھوڑے بوس فیلس کے نتھنوں کی طرح کھلتے بند ہوتے ہیں۔ یا اس وقت کام میں آتے ہیں جب انھیں اپنے مالک کی انا یا وہم کو جتانا ہو، ورنہ وہ تو مہینے میں تین چار بار صرف زکام کی وجہ سے بند رہتے ہیں۔

اس کے زکام کی ایک وجہ یہ بھی ہے کہ جوانی میں مجھے بھی اکثر زکام ہوا کرتا تھا۔ لیکن میں نے ورزش کر کے وقت پر سو کر اور وقت پر جاگ کر اسے ٹھیک کر لیا تھا۔ لیکن میرا بیٹا اس زکام کو بالکل انقلابی طریقے سے ٹھیک کرتا ہے۔ وہ رات ایک ڈیڑھ بجے تک میکس، یا نیو یارک کا ہفتہ وار انگریزی رسالہ "ٹائم" پڑھتا رہتا ہے۔ جس پر اس کا دنیا بھر کے علم کا مدار ہے اور پھر صبح سب سے آخر میں اٹھتا ہے جبکہ اس کے بہن بھائی اسکول وغیرہ جا چکے ہوتے ہیں۔ ماں گھر کا سب کام کر چکی ہوتی ہے اور میرا ایک پیر گھر کے اندر ہوتا ہے اور ایک باہر۔ تب وہ نیند کا ماتا میرے پاس آتا ہے اور مجھے یوں دیکھتا ہے جیسے میں کوئی اجنبی ہوں اسے دیکھتے ہی پہلے میں سلام کرتا ہوں۔ میں اس بات سے ڈرتا ہوں کہ اگر ایک بار میں نے اس کو سلام کے سلسلے میں آنا کانی کر دی تو وہ مجھے کبھی سلام نہیں کرے گا۔ اس کا کچھ نہیں جائے گا۔ میرا سارا دن کڑھتے رہنے کی وجہ سے برباد ہو جائے گا اور آپ جانتے ہیں کہ دنوں کے تسلسل ہی کو زندگی کہتے ہیں۔

میرے بیٹے کے ہونٹ پتلے ہیں اور ٹھوڑی مضبوط جو ایک پکے ارادے کا ثبوت ہے اور جسے وہ اکثر اپنے ماں باپ اور بہن بھائیوں پر استعمال کرتا ہے۔ آنکھیں چھوٹی ہیں جن سے پاس کا تو سب کچھ دکھائی دیتا ہے اور دور کا اتنا بھی نہیں جتنا کوئی صحت مند آدمی، مٹی کا ڈھیلا پھینک سکے۔ اس لیے میرا بیٹا آج کل کے نئے علم کا چشمہ پہنتا ہے۔ اس کی آنکھوں پر کی بھویں گھنی ہیں جو خلوص کی نشانی ہوتی ہیں۔ یہ بات نہیں

کہ میرے بیٹے میں خلوص نہیں۔ اس میں خلوص ہے، بہت ہے لیکن اس کے باوجود وہ کسی آدمی سے دھوکا نہیں کھاتا اور یہ آج تک میری سمجھ میں نہیں آیا کہ آدمی کا دل صاف ہو اور اس میں خلوص ہو، پھر بھی وہ دھوکا نہ کھائے؟

میرے بیٹے کا ماتھا چھوٹا ہے، کہتے ہیں ایسی تنگ پیشانی کے لوگ زیادہ بھاگیہ وان نہیں ہوتے۔ جس کا ایک ثبوت تو یہ ہے کہ وہ راک فیلر کے گھر میں پیدا ہونے کی بجائے ہمارے گھر میں پیدا ہو گیا۔ لیکن جب میں دیکھتا ہوں کہ اس کی ماں کام کر کر کے مری جا رہی ہے، میں مر مر کے کام کرتا جا رہا ہوں اور وہ مزے سے لیٹا ہوا ہے تو مجھے بزرگوں کی کسی بات پر یقین نہیں رہتا۔ وہ فطرتاً بے صبر واقع ہوا ہے۔ اگر وہ کسی کی بات بیچ میں نہ کاٹے تو اپنے چہرے پر کے رگ و ریشوں کی خفیف سی جنبش سے دوسرے کو اس بات کا یقین دلا دیتا ہے کہ آپ کی بات تو میں آپ کے کہنے سے پہلے ہی سمجھ گیا تھا۔ اس پر بھی آپ کہتے رہنا چاہتے ہیں تو بڑی خوشی سے۔ اور یہ اس کی اسی ناطق خاموشی کی وجہ ہے کہ اسے اپنے باپ کو کبھی بیوقوف کہنے کی ضرورت نہیں پڑی۔ غالباً یہ اس کی بے صبری نہیں، آج کل کی دنیا تیز رفتار ہے جس سے میرا بیٹا مطابقت رکھتا ہے اور میں نہیں رکھتا۔ وہ کار بھی چلائے گا تو چالیس پچاس میل کی اسپیڈ پر اور تیس بیس پچیس پر ٹرک ٹوں رہوں گا۔ اس نے کئی ایک ایکسیڈنٹ بھی کیے۔ جن میں سے دو تو بہت قیمتی تھے۔ ایک کوئی اٹھارہ سو روپے کا تھا اور دوسرا کوئی بارہ ساڑھے بارہ سو کا۔ اور اس پہ

بھی مجھے ڈر تھا کہ وہ مجھے اس بات پر شرمندہ نہ کرے کہ میں اسے شرمندہ کرنے کی کوشش کر رہا ہوں۔

ایک دن میں اور میرا بیٹا کار میں بیٹھے ہوئے جا رہے تھے۔ میں حسبِ معمول سلو اسپیڈ میں تھا۔ اچانک پیچھے سے کوئی بچہ بھاگ کر آیا۔ اسے کار کا دھکا لگا تو فٹ پاتھ پر جا گرا۔ خیر یہ ہوئی کہ اس کی جان بچ گئی اور ساتھ ہی ہماری بھی ہسپتال سے اسے مرہم پٹی کروانے کے بعد ہم گھر کے لیے روانہ ہوئے تو میں نے اپنے بیٹے سے کہا۔ "دیکھا میں تمھاری اسپیڈ پر ہوتا تو بچہ مر گیا ہوتا۔"

"آپ میری اسپیڈ پر ہوتے" میرے بیٹے نے کہا "تو بچے کے آنے سے بہت پہلے نکل گئے ہوتے۔"

یہ شاید خلیل جبران نے کہا ہے کہ آپ اپنے بچے کو اپنا جسم اور ذہن دے سکتے ہیں۔ اپنے خیالات نہیں دے سکتے۔ ایک تو یہ کہ لکھنے والوں نے بڑی گڑبڑ کی ہے۔ وہ الفاظ میں حقیقت کا ایک ایک لمحہ جکڑ لیتے ہیں۔ اس وقت آدمی یہ نہیں سوچتا کہ دنیا کی ہر چیز ایک اضافی حیثیت رکھتی ہے اور کوئی حقیقت مطلق نہیں۔ حقیقت ایک مقامی حیثیت رکھتی ہے۔ ادر کاہلی پسند، کند ذہن اس وقت پڑھنا اور سوچنا بند کر دیتا ہے اور اس محدود حقیقت کو دنیا بھر پر پھیلاتا رہتا ہے۔

کوئی خلیل جبران سے پوچھے۔ "کیوں بھئی۔ ہم انھیں اپنے خیالات کیوں نہیں دے سکتے؟"

پھر کیوں بھلا کہا جاتا ہے کہ میاں بیوی کو بچّوں کے سامنے لڑنا جھگڑنا نہیں چاہیے۔ حالانکہ یہی فطری جھگڑا ہے۔ جسے دیکھ کر بچّے کو سمجھنا چاہیے کہ زندگی صرف قلاقند ہی نہیں، کونین کی گولی بھی ہے۔ اور اس آدمی کا آپ کیا کریں گے، جس نے کبھی کبھی بچّے کو ماں باپ کا ننگا بدن دکھانے کی سفارش کی ہے۔ یہ خارجی زندگی ہے جو بچّے کے خیالات کی رہنمائی کرتی ہے اور آخر اس کی "پرینا" کا حصّہ ہو جاتی ہے۔ آج کل کے بچّے کانوں اور آنکھوں کے ذریعے سے ہزاروں آوازوں اور تصوّرات کو اپنے دل میں اُتار لیتے ہیں اور کچھ اس انداز سے کہ نہ آپ جان سکتے ہیں اور نہ میں جان سکتا ہوں۔ آج کا بچّہ اس بات کو قبول نہیں کرتا کہ اسے کوئی جنم دے گیا تھا یا وہ برسات کے پہلے قطرے کے ساتھ اس دھرتی پہ ٹپکا تھا۔ وہ اپنے بڑوں سے اپنی اور ان کی پیدائش کے بارے میں سوال پوچھتا ہے اور رسمی جواب حاصل کر کے چپکے سے قلم اُٹھاتا ہے اور اپنے جوابی مضمون میں لکھتا ہے۔ یوں معلوم ہوتا ہے کہ ہمارے پورے خاندان میں چار پشت سے کوئی بھی قدرتی طریقے سے پیدا نہیں ہوا۔

دراصل کرشن دیاس سے لے کر دشنو پر بھاکر تک سب لکھنے والوں نے گڑبڑ کی ہے۔ وہ اس زمانے سے اتنا ہی پیچھے ہیں، جتنا زمانہ ان سے آگے ہے۔ چلیے وقت کے اعتبار سے ہی سہی، مانیے ہم نے سب کچھ پایا ہی نہیں، کھویا بھی بہت کچھ ہے۔ لیکن اس کھونے میں جو کچھ ہم نے پایا ہے، اُسے کالی داس، بھوبھوتی اور شیکسپیر آج نہ پا سکیں گے۔ میں آپ سے درخواست کروں گا کہ

مجھے اتنا تاو نہ دیجیے کہ میں اِن بڑے لوگوں کو آج کے نقطۂ نظر سے دیکھوں میں کس قدر بے بضاعت ہوں، ان مہان ہستیوں کے مقابلے میں۔ لیکن آج کے نوجوان کو میرا یہی مشورہ ہے کہ مجھے پڑھیں اور پھینک دیں اور واقعی کسی نامحسوس دلیل کی بنا پہ مکمل طور پر ردّ کر دیں اور میں یہ محسوس کروں۔ میرا بیٹا بھی ٹھیک ہے اور میں بھی غلط ہوں!

میرا بیٹا میری اتھارٹی کو نہیں مانتا، کسی کی اتھارٹی کو بھی نہیں مانتا۔ میں روتا ہوں۔ میرے بڑوں اور پیشروؤں کی روحیں کسی آسمان میں کلبلاتی ہیں اور وہ میرے ساتھ مل کر اس بات کو بھی بھول جاتے ہیں کہ وہ بھی اپنے زمانے میں انقلابی تھے اور انھوں نے اتھارٹی کے خلاف جہاد کیا تھا اور اس کی وجہ سے کڑی مصیبتیں اٹھائی تھیں۔ کیونکہ ان کے زمانے میں بھی ہماری ہی طرح کے ماں باپ تھے، حاکم تھے۔ مذہبی پیشوا تھے۔ انھوں نے بھی وقت کو تھامنے کی کوشش کی تھی اور نئے اخلاق کو دیکھ کر سر پیٹ لیا تھا! آپ اندازہ تو کیجیے کہ میرے بیٹے کو کن چیزوں سے نبٹنا پڑتا ہے، زندگی کی رفتار سے، قدم قدم پر ایک کڑے مقابلے سے، مادّی اور روحانی قدروں کی کشاکش سے، پُرانے اور نئے کے جھگڑوں سے — میں نے اگر بہت پڑھا بھی ہے تو میرا ذہن جاگیردارانہ ہے لیکن میرے بیٹے کا نہیں۔ بس ایک خاص قسم کا ادب اور متابعت اس سے مانگتا ہوں جو وہ مجھے نہیں دے سکتا اور دینا بھی نہیں چاہتا۔ میں جب اس کی طرف

دیکھتے ہوئے جھلا کر کہتا ہوں۔ تم آج کل کے نوجوانوں کو کیا ہو گیا ہے، تو میں یہ بھول جاتا ہوں کہ یہی فقرہ مجھے بھی میرے ماں باپ نے کہا تھا۔ ہمارے بڑوں کے زمانے میں سرطان (کینسر) صرف ایک پھوڑا تھا جس پر کوئی مرہم لگایا جاتا تھا اور مصفّیٔ خون کی بوتل پینی پڑتی تھی۔ ان کے زمانے میں دبا دا تنے نہ تھے کہ انسانی شخصیت ایک ٹوٹے ہوئے آئینے کی طرح نظر آئے ـــــ جب "سکز وفیرنا" کا لفظ ایجاد نہ ہوا تھا۔ خواب آور گولیاں استعمال نہ ہوتی تھیں اور نہ لوگوں کو ایل۔ ایس۔ ڈی جو بیس یا اُس کھمب کا پتا تھا جس کا رس پی کر۔۔۔۔ انسان کو اپنا ہی لطیف جسم گہرائیوں میں اُترتا اور بلندیوں پر پرواز کرتا دکھائی دیتا ہے اور جن بے حد حسین سبزہ زاروں میں دہ جاتا ہے، وہ انسان کے اپنے دماغ اور اس کے شعور کی تہیں ہیں جن میں سیلاکانٹ مچھلی سے لے کر آئنسٹائن تک کے سب تجربات چھپے پڑے ہیں اور جہاں تک پہنچنے کے لیے ہمارے رشی منیوں نے ہزاروں سال تپسیا کی۔

یہ کہ میں اپنے بیٹے کے بارے میں زیادہ نہیں جانتا۔ ایک حقیقت ہے۔ اگر آپ سمجھیں کہ یونہی میں نے اپنے آپ کو صفر کرنے کی کوشش کی ہے تو مجھ پر بڑا ظلم ہوگا۔ اگر میں جانتا بھی ہوں کہ سوئز کی نہر فرانسیسی انجینیر ڈی لیلیس نے بنائی تھی تو بھی میں اپنے بیٹے کے سوالوں کا جواب کچھ اس انداز سے دوں گا جس سے اس کی تسلی نہ ہوگی اور میں اس بات کو چھپانے کی کوشش کروں گا۔ میں بھی

سب باپوں کی طرح جاہل ہوں ۔ اور میرا زمانہ لد گیا ہے ۔ میری حیثیت اس وقت اس "ڈیڈی" کی طرح ہوگی جس سے بیٹے نے پوچھا۔ "ڈیڈی! یہ مصر کے مینار کیوں بنائے گئے ہیں؟"

"خدا معلوم۔ بس بنا دیے، اگلے وقتوں میں بہت زیادہ وقت تھا لوگوں کے پاس!"

"زراف کی گردن اتنی لمبی کیوں ہے ڈیڈی؟"

"بھائی کسی جانور کی لمبی ہوتی ہے اور کسی کی چھوٹی"

"ڈیڈی! بچہ صرف عورت ہی کو کیوں پیدا ہوتا ہے؟"

"کیسی باتیں کرتے ہو۔ اگر مرد کو بچہ پیدا ہونے لگے تو پھر وہ عورت نہ ہو جائے!"

"ڈیڈی! اگر آپ میرے سوالوں سے خفا ہوتے ہیں تو میں نہ پوچھوں"

"نہیں نہیں پوچھو بیٹا، سوال نہیں پوچھو گے تو علم کیسے ہوگا؟"

میرا بیٹا رات کو کیا سوچتا رہتا ہے؟ کیوں رات دیر تک اسے نیند نہیں آتی؟ کیا صرف روغن بادام یا خواب آور گولیاں ہی اس کا علاج ہیں؟ کیا اُسے سیکس ستاتا ہے؟ کیونکہ اس کی عمر ستائیس سال کی ہو چکی ہے اور اس کے چند مطالبے جائز ہیں۔ پھر اس نے شادی سے کیوں انکار کر دیا۔ کیا صرف اس لیے کہ جب تک وہ اس دنیا کی تگ و دو میں اپنا مقام نہ بنائے گا، کسی لڑکی کی زندگی تباہ نہ کرے گا؟ کیوں ہمارے زمانے میں لوگ اس عقیدے پر شادی کر لیا کرتے تھے کہ عورت لکشمی

ہوتی ہے؟ اس کے آنے سے قسمت کے دروازے اپنے آپ کھُل جاتے ہیں۔ اکثر وہ نہیں کھلتے تھے، صرف چند تاریک مستقبل والے بچے اس دنیا میں چلے آتے۔

میرے بیٹے کے خیالات کیا ہیں؟ میں ان تک پہنچنے کی کوشش تو کروں۔ اس کی روح میں اُتر کر دیکھوں کہ وہ کیوں اتنا خود غرض ہوگیا ہے؟ کیوں وہ دوسرے کسی کے باپ کے پیَر بھی چھوتا ہے لیکن صبح اُٹھ کر اپنے باپ کی طرف دیکھتا بھی نہیں۔ کیا صرف اس لیے کہ دوسرے کا باپ امیر کبیر ہے اور اس نے اپنے بیٹوں کو دولت اور شہرت کے ساتویں آسمان تک پہنچا دیا ہے۔ حالانکہ میرے بیٹے کے باپ نے چند کالے صفحوں کے علاوہ اسے کچھ نہیں دیا۔ کیا یہ کہہ دینا کافی ہے کہ آج کل کے دوسرے نوجوانوں کی طرح میرا بیٹا بھی راتوں رات لکھ پتی ہو جانا چاہتا ہے اور نہیں جانتا کہ پیسا کمانے کے لیے محنت کرنی پڑتی ہے۔ ایک روّیے پر دوسرا روّا رکھنا پڑتا ہے؟ جیسے وہ مذہب اور دوسری رسوم وروایات کا قائل نہیں۔ وہ گِردو پیش کی دنیا کو دیکھ کر اس قسم کی محنت کا بھی قائل نہیں، ایسے نظام کا بھی قائل نہیں جس میں کچھ لوگ مرتے رہتے ہیں اور کچھ عیش کرتے ہیں اور کھُلے بندوں کہتے ہیں۔ بزنس میں تو سب کچھ کرنا پڑتا ہے

میں سمجھتا ہوں۔ میرا بیٹا میرا نام استعمال کرتا ہے اور اس میں کوئی شرم نہیں سمجھتا۔ ایک دن مجھے پتا چلا کہ وہ میرا بیٹا ہونے کی وجہ سے مجبور اور شرم سار ہے۔ میری وجہ سے وہ

کسی سے دس روپے بھی نہیں مانگ سکتا۔

میں نے ہنسی کی آڑ میں اپنے آپ کو بچانے کے لیے کہا۔

"بٹیا تو پھر تم سو مانگا کرو۔"

اور مجھے پتا چلا کہ وہ میری زندگی میں سے جذباتیت اور مثالیت کو یکسر نکال دینا چاہتا ہے اور اس کی خواہش ہے کہ اس کے باپ کی اتنی حیثیت تو ہو جائے کہ وہ کسی سے لاکھ دو لاکھ مانگ سکے جس سے وہ ایک فلم بنائے اور اس سے کئی لاکھ کمائے۔

اس قسم کی مادہ پرستی، خود غرضی، سگریٹ، شراب، عورت کی وجہ سے باپ اپنے بیٹوں کو اپنی زمین جایداد سے برطرف کر دیا کرتے تھے۔ لیکن مادّی معنوں میں میرے پاس ہے ہی کیا، جس سے بیٹے کو برطرف کر دوں؟ اگر وہ کسی بات سے ناراض ہو کر چلا جائے تو پھر میں ہی اُسے ڈھونڈتا پھروں گا اور اگر میں کہیں چلا جاؤں تو وہ مجھے نہیں ڈھونڈے گا۔ اس لیے میں سخت وحشت کے لمحوں میں بھی چپکے سے گھر چلا آتا ہوں کیونکہ میں چاہتا ہوں میرا بٹیا کہیں چلا نہ جائے۔ میں اسے برطرف کرنے کی نہیں سوچتا۔ اس بات سے ڈرتا ہوں کہ وہ مجھے انسانی اصول کے کلبلاتے ہوئے درخشاں مستقبل سے برطرف نہ کر دے۔

☆☆☆

منتخب یادگار افسانوں کا مجموعہ

چشمِ بد دور

مصنف : راجندر سنگھ بیدی

بین الاقوامی ایڈیشن جلد منظر عام پر آرہا ہے